教育部人文社会科学研究项目

经管文库

技术并购
与创新演化

郝清民 ◎ 著

中国财经出版传媒集团

经济科学出版社
Economic Science Press

图书在版编目（CIP）数据

技术并购与创新演化/郝清民著 . —北京：经济
科学出版社，2021.2（2023.9 重印）
ISBN 978 - 7 - 5218 - 2378 - 3

Ⅰ. ①技… Ⅱ. ①郝… Ⅲ. ①企业兼并 - 研究
Ⅳ. ①F271.4

中国版本图书馆 CIP 数据核字（2021）第 026684 号

责任编辑：胡成洁
责任校对：李　建
责任印制：李　鹏　范　艳

技术并购与创新演化

郝清民　著

经济科学出版社出版、发行　新华书店经销
社址：北京市海淀区阜成路甲 28 号　邮编：100142
经管编辑中心电话：010 - 88191335　发行部电话：010 - 88191522
网址：www. esp. com. cn
电子邮件：expcxy@ 126. com
天猫网店：经济科学出版社旗舰店
网址：http://jjkxcbs. tmall. com
北京季蜂印刷有限公司印装
710 × 1000　16 开　13.5 印张　210000 字
2021 年 4 月第 1 版　2023 年 9 月第 2 次印刷
ISBN 978 - 7 - 5218 - 2378 - 3　定价：66.00 元
（图书出现印装问题，本社负责调换。电话：010 - 88191510）
（版权所有　侵权必究　打击盗版　举报热线：010 - 88191661
QQ：2242791300　营销中心电话：010 - 88191537
电子邮箱：dbts@ esp. com. cn）

教育部人文社会科学研究项目经管文库
出版说明

教育部人文社会科学研究项目已开展多年，一向坚持加强基础研究，强化应用研究，鼓励对策研究，支持传统学科、新兴学科和交叉学科，注重成果转化。其秉持科学、公正、高效的原则，注重扶持青年社科研究工作者和边远、民族地区高等学校有特色的社科研究，为国家经济建设和社会发展及高等教育发展贡献了一批有价值的研究成果。

经济科学出版社科致力于经济管理类专业图书出版多年，于2018年改革开放40周年之际推出"国家社科基金项目成果经管文库"，于2019年中华人民共和国成立70周年之际推出"国家自然科学基金项目成果·管理科学文库"。今年是中国共产党建党100周年，我们将近期关注的教育部人文社会科学经济管理类研究项目整理为文库出版，既为了庆祝中国共产党建党100周年，又希望为我国教育科研领域经济管理研究的进步做好注脚，同时，努力实现我们尽可能全面展示我国经济、管理相关学科前沿成果的夙愿。

本文库中的图书将陆续与读者见面，欢迎教育部人文社会科学研究项目在此文库中呈现，也敬请专家学者给予支持与建议，帮助我们办好这套文库。

经济科学出版社经管编辑中心

2021 年 4 月

本书为教育部人文社会科学研究规划基金项目成果
（项目编号：18YJA630032）

序言

2020 年 12 月，中央经济工作会议提出，发挥企业创新主体作用，支持领军企业组建创新联合体，带动中小企业创新。此外，《关于促进企业兼并重组的意见》《科创板上市公司重大资产重组特别规定》等文件也鼓励和规范企业通过参股并购等方式开展技术创新合作。

在当前国家鼓励创新的背景下，企业也在摸索不同的技术创新路径。各类高新技术产业园区、科创板、区域股权市场和科技转让交易中心等的成立，为企业间技术交流和转移提供不同路径，技术并购成为技术转移的重要选择。并购式创新成为国家战略部署和产业结构升级契机。

企业在自主创新战略体系下，不可避免地面对自主研发和外部技术引进的抉择问题。本书围绕企业研发风险决策、双方技术差距和知识基础、并购获取技术资源和自身创新要素整合、技术并购创新效率和效果，以及技术并购的内外部创新要素交互影响、创新网络演化等问题展开论述，希望能为公司的并购和创新提供一些创新发展和管理、决策思路，期盼着未来各个科技类公司经过不断的技术并购和整合发展，成为饱含技术能量和科技动力的船只，扬帆远航。

在本书付梓之际，感谢前辈、师长、同行和学生们的支持。我的导师赵国杰先生及其《技术经济学》是本书研究的启蒙；教育部人文社会科学研究规划基金（项目编号：18YJA630032）的研究资助成为深入研究的动力，很多想法受到国家自然科学基金重大项目（项目编号：71790594）团队科研交流的启迪，本书得到天津大学管理与经济学部科研培育创新基金的出版资助；国家知识产权战略实施（天津大学）研究基地提供了围绕知识产权和专利等问题的调研机会；课题申请中得到李承宏、杨文明老师的大力支持；本学部还有很多老师分享了技术创新方面研究想法。此外，感谢我的学生尤其是钱书生、任欢欢、郝正阳、孙雪、刘晓佳、陈丽影、张玲、李佩云、金玲、刘涵秋、邬晶、车燕燕、李晓霞、宋娟、吕思萱、刘晨等同学在本书形成过程中的工作努力。本书写作中吸取了国内外专家大量的研究成果，有些无法溯源到具体文献，在此一并致谢。特别感谢经济科学出版社的崔新艳编审使得出版过程更加顺利。

最重要的是感谢我妻子孙利红，她的支持与领导对本书的出版非常必要。

作者
2021 年 1 月

目　　录

第1章

绪　　论

1.1
问题与意义

在资源有限、需求多变、竞争多元等约束条件下，企业需要不断提高自身的创新能力才能进一步发展（许庆瑞、吴志岩，2014）。企业技术创新能力的提高不仅仅来自企业的自主研发，更来自获取外部技术以实现创新技术的升级换代（Lowman，2012），而且技术并购方式的使用更为频繁（谢伟等，2011）。

技术并购普遍被认为是并购方为获取目标方的技术资源或要素、增强技术创新能力与竞争力而进行的多涉及产权实体变更的并购（Ahuja and Katila，2001；于成永、施建军，2012）。万得（WIND）数据显示，中国并购整体规模从2009年的4.7万亿元人民币增加到2018年14.4万亿元。其中2016年中国境内并购数量最高，达8380起，涉及并购资金规模达3.7万亿元。随着"一带一路"和企业海外市场发展，中国企业海外并购数量和金额也不断攀升。海外并购对企业自主创新的发明专利申请和授权提升作用呈现逐步降低趋势（冼国明、明秀南，2018）。通过相关的并购方式对技术创新的研究越来越深入。

2020年底的中央经济工作会议提出"发挥企业创新主体作用，支持领军企业组建创新联合体，带动中小企业创新"。结合《关于强化企业技术创新主体地位全面提升企业创新能力的意见》和《关于促进企业兼并重组的意见》等文件可知，国家鼓励企业通过参股并购、专利交叉许可等方式开展创新合作。除此之外，外部技术的获取方式包括技术并购、技术联盟、技术许可以及研发外包等。随着企业边界的模糊化和技术要素的数字化，鼓励通过市场化的并购方式来推动技术创新成为国家产业结构升级的新契机。

国内多层次的资本市场，尤其是新三板、科创板等为企业的创新融资和并购提供了多元化的市场交易平台。2019 年《关于在上海证券交易所设立科创板并试点注册制的实施意见》提出要建立"高效的并购重组机制"；证监会《科创板上市公司重大资产重组特别规定》，上交所《上海证券交易所科创板上市公司重大资产重组审核规则》等一系列规章措施的颁布，广大并购数据及相关资料基础，国家政策对技术型并购的规制，为技术并购的深入研究和开展奠定了实践和政策基础。

庞大的并购交易数据为并购与创新研究带来丰富的资料。吉利并购沃尔沃、华为的海外并购、TCL 并购汤姆森、Google 并购 DeepMind、Oracle 收购 SunJava 等，其中不乏为了获取技术资源或突破技术壁垒而进行的并购。同时也不可否认，一些资本实力强大的企业强行对其他公司进行并购的"野蛮人"行径，干扰了企业的正常经营，并不被倡导，但也为技术并购的研究提供了另一面的实例和研究视角。即使大量并购的相对成功率还是比较低，并购浪潮仍然不断涌现。从技术创新视角研究并购行为的文献也逐步增多，尤其是从收购事件中挖掘潜在的技术并购的创新和价值规律的文献。

技术并购不可避免地要对企业原有的自主研发创新体系带来冲击，从而促使企业创新体系以内部研发为主逐步转向内外技术相关联的整合创新发展（陈劲、黄淑芳，2014）。外来技术与内部研发间的交互作用势必影响企业的技术创新能力（Cassiman，2006；Mata，2013），尤其是在高新企业的发展过程中，技术并购和自主研发推进了技术创新的演进绩效。基于上述国内外实际和相关研究，本书思考了以下两个问题。

（1）企业的外部技术并购与内部自主研发创新有哪些关联？

（2）技术并购获取的技术资源融入企业自主创新网络有什么演化规律？

这些问题的研究有助于指导企业技术并购实践,提高技术并购成功率(谢伟等,2011),对自主研发为主的创新研究具有相辅相成的作用。技术并购的研究在一定程度上对企业整合内外技术资源和规避相应技术风险提供了参考建议和改进措施,为完善以技术并购为导向的科技创新规则提供了案例和数据资料支撑,对降低企业创新发展障碍和促进产业结构升级具有重要现实意义。

1.2
思路与框架

自主创新包括三个途径:一是原始创新(自主研发、头脑风暴等),二是引进技术消化吸收再创新(技术并购、技术联盟等),三是集成创新(产学研、重大科技问题导向等)。在自主创新体系中,除了源于企业内部的主动式和被动式创新,也有主动寻求外部创新资源的技术并购、研发外包、技术联盟等形式。针对上述问题紧密相关的研究主要集中在以下几个方面。

1. 收购方视角的技术并购与自主研发之间关联效应

外部技术并购对并购方的内部自身创新体系不可避免地要带来技术冲击(Schilling,2015)。技术并购和自主研发之间具有以下几个方面的关联效应。(1)替代:从经济学成本视角,由于企业的自主研发投入存在边际报酬递减效应,公司上市后会减少研发投入、增加并购式创新(Bernstein,2015)。大型寡头医药公司的资料显示并购使内部研发进一步聚焦,从而反向影响自主研发投资导致创新投入降低(Comanor et al.,2013)。从管理竞争视角来看,并购后的收购方会降低研发强度(Szucs,2014),其竞争者会加大技术研究广度(Valentini,2016)。(2)互补:由于并购方技术吸收能力和目标方的创新能力紧密相关,内外研发能力存在互补效应(Hagedoorn and Wang,2012)。技术集成可促进自主研发和外部技术互动(张米尔、田丹,2008)。技术并购的互补作用推动企业在并购后技术创新能力不断提升。(3)协同:技术并购和内部研发具有产品市场的协同效应(Hoberg and Phillips,2010)和组合创新协同能力（Bena and Li，2013）。外部技术并购与内部自主创新之间的协同效应成为企业技术创新关注的重点。上述研究多从双方企业层面研究技术并购和自主研发的不同类型效应。因此，本书拟从并购双方企业内部的技术资源变量的视角，从企业的自主创新体系入手，剖析技术并购和自主研发及其相互关联对自主创新的具体作用；尤其是在并购产生协同效应之前，企业的内外部创新要素的整合关系。

2. 技术并购后的创新网络演化方面

企业外部技术并购对原有的创新网络带来影响，在企业层面的创新网络中，研发合作与外部吸收能力影响创新网络的发展（Savin，2016）。技术并购导入的技术创新资源对现有创新网络结点形成新的关联，企业获取外部技术合作的能力取决于企业内部网络活动能力（Leenders，2016）。企业的技术创新网络在内外技术交互作用下逐步演化，对整个创新网络带来影响。已有研究多关注的是企业和外部的宏观或中观层面的合作创新网络。创新网络具有技术扩散性（Rogers，2004；宋娟，2015）、动态性（Hanak，2011）、知识流动和传播（张红娟，2011）等演化特征。技术并购获取的外部不同类别的技术资源，不可避免地会影响并购方的创新网络及其内部资源的分配关系和要素整合。因此，技术并购后新技术结点加入技术创新网络的内部创新的演化规律有待剖析。

3. 研究思路

本书研究重点为企业的技术并购与原有自主研发创新的关联作用、技术并购对自主研发的可能影响路径和在创新网络中的演化规律，见图 1 - 1。

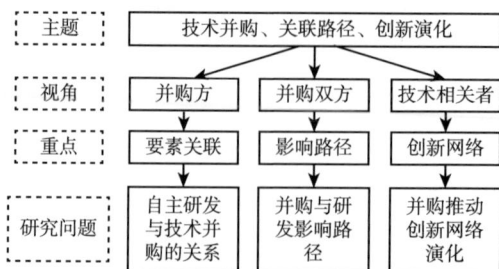

图 1 - 1　本书研究思路

　　基于上述问题，本书基于相关的公司技术创新理论着重从以下几个方面入手：基于技术创新的要素和结构相关理论，研究技术并购式创新与自主研发创新的作用及路径；借助经济效率和管理决策的相关理论，探索自主研发投入和技术并购相互作用下的创新效率；从资源要素视角分析技术并购对自主研发的可能影响路径和并购绩效；基于知识学习和能力相关理论探索创新网络中各个创新要素的交互影响和创新演化规律。

　　已有技术并购研究多侧重行业和企业层面之间的关系，除了并购双方已有的关联特质外，还有待结合企业微观层面特质深入研究。一方面，从技术并购与自主研发的创新导向性维度（自主研发导向、技术并购导向）探索二者可能存在的关联特征和整合效应；另一方面，从二者的关联关系复杂性维度（关联路径、网络演进）剖析技术并购与自主研发的融合路径与网络演进。

　　本书着重于公司层面，最多到行业层面的创新，而未涉及国家宏观层面的创新。主要探索公司技术创新能力的形成路径，尤其是通过技术并购方式形成的自主创新能力，以及随后形成的自主创新网络的演化规律，为公司技术创新决策和研发投资决策奠定基础。本书对以自主研发为主的创新着墨不多，对技术创新的制度体系很少涉及。但本书并不否认自主研发是企业技术创新的核心和关键，在多数情况下研发是企业生存发展的根本和基础，在此基础上，技术并购方式的创新才能够锦上添花，成为企业产品升级和技术换代的补充力量。尤其是在成本和效率视角下，在自主创新体系基础上，技术并购与自主研发之间存在多层次的要素关系和多渠道的影响路径，二者并不完全是对立的，相互的融合和演进是企业技术创新中需要研究的重点之一。

第2章

技术创新理论及范式

管理学和经济学对于技术创新在研究目的方法等方面存在区别（谭劲松，2006）。就技术创新而言，各个知识学科结构（经济学、社会学、心理学、管理学）等在定义和研究范式等多个方面存在差异（Shafique，2013）。本章侧重从管理学和经济学两个方面简略归纳已有的研究成果。

2.1
管理学的技术创新理论

企业创新决定公司的发展方向、发展规模、发展速度。从整个公司管理到具体业务运行，创新贯穿在企业活动的各个环节。企业创新涉及技术创新、管理创新、组织创新、制度创新、战略创新等各方面的问题。本书所说的创新更多的是技术创新，尤其是企业层面的技术创新。

熊彼特（Schumpeter，1912）在《经济发展理论》中系统地提出技术创新理论。创新被认为是一种新型生产函数的建立过程，并受到某些生产条件与生产要素之间新型组合的约束，这种组合可以包括：引进新技术与新产品、进入新的市场、创新资源配置、实现新的工业组织等。这些新组合有别于传统的偶然性的创新组合，更有利于突破性创新的产生和发展。熊彼特所指的创新一般包含5方面内容：（1）制造新的产品：制造出尚未为消费者所知晓的新产品；（2）采用新的生产方法：采用在该产业部门实际上尚未知晓的生产方法；（3）开辟新的市场：开辟尚未进入过的市场；（4）获得新的供应商：获得原材料或半成品新的供应来源；（5）形成新的组织形式：创造或者打破原有垄断的新组织形式。可以看到，前两个更多关注的是技术层面的创新，而后两个涉及管理创新、战略创新、组织创新或制度创新等。

美国国家科学基金会从不同的层面对技术创新进行探索。技术创新被定义为以新概念和新思维为切入点，持续解决各问题、产生具有社会和经济价值的新项目。其中，公司创新是企业应用新行为、新理念的活动（Damanpour，1984）。技术创新可以实现新的服务、过程、产品、系统的商业化转变，有利于管理者抓住潜在的市场机会，对生产条件及要素再次整合，使生产经营体系更完善和高效，最终推出新产品、服务和工艺等，满足消费需求，开拓新的市场进而实现盈利。

创新这一概念的外延非常广，创新一般是指对新事物、方法、设备的成功引进，对原始或相关知识的组合或整合，对新产品服务或流程的价值创造能力。长期以来研究者关注创新不同的层面（Damanpour and Aravind，2012），对创新的理论研究结论进行了分类：商品制造创新、生产工艺创新、市场开发创新、资源配置创新以及组织制度创新等，涉及创新过程（产生、传播、吸收、应用），创新类型（产品、流程、服务、技术、管理），创新成果（企业、行业、社会、经济），多维度（前因、过程、类型、属性、结果），知识学科结构（经济学、社会学、心理学、管理学）等多个方面（Shafique，2013）。创新根据研究目的的不同可分为不同类别：按创新结果可分为物质性与非物质性创新，按创新程度分为改进型创新和开创性创新，按创新顺序分为率先创新和模仿创新，按照创新活动的知识和学习路径分为开发式创新和探索式创新，按创新能力分为管理创新和技术创新等。

创新活动，按照企业内外系统划分，具有两方面的作用。（1）内部自主研发促进企业的创新能力，提高企业产品与服务的特质化和差异化，满足或引领不同的消费需求，提升市场竞争力。此外，内部研发强化内部组织学习能力，有效整合外部技术，强化企业本身的消化和吸收能力且推动创新发展。

（2）跨越企业边界，通过与外部主体的技术合作联盟或技术并购等实现技术创新升级和产品增值。

本书更关注企业或公司层面的技术创新，而很少涉及管理创新、流程创新、模式创新等。单从公司层面创新梳理汇总的主要特性如表 2-1 所示。

表 2-1　　　　　　　　　公司创新的不同层面

类别	结构性创新	管理创新	技术创新
主体	CEO、股东	中层管理者	工程师、研发人员
目标	变革、改革、重组	管理范式、商业模式	技术、知识
发生地	组织之间	核心部门	研发部门、生产部门
影响	革命性、冲击	演化、激进	渐进、逐步
跨度	永久性的	长期性	短期、阶段性
知识	隐性知识、知识聚合	隐性、有机的	显性、专利
关注度	效果	效率	生产率
测度词汇	战略变革、机制转换、治理调整、制度创新	管理、运营、领导、模式等方面创新	专利、研发、发明、仪器、发现
公司典型	IBM，Volkswagen	Dell，Wal-Mart，Ford auto	Intel，Google，Facebook
关键词	ERP，IPO，M&As	TQM，BPR，ABC，BSC	R&D，JIT，MRPII
相关文献	Johnston and Bate, 2003；Howells and Edler, 2011；Un, 2011；Zhou and Li, 2012；Casadesus and Zhu, 2013	Birkinshaw et al, 2008；Terziovski, 2010；Damanpour and Aravind, 2012；Qian and Cao, 2013	Butler, 1988；Casadesus-Masanell, 2007；Chiesa and Frattini, 2011；Shafique, 2013

资料来源：作者整理。

相关创新理论有基于资源基础理论、市场势力理论、交易成本理论与规模递减等理论，侧重于企业内部资源挖潜和要素整合的结构理论，侧重于从企业外部吸引技术或者基于学习能力的知识能力理论，侧重于投入产出的创新效率理论等。当然这些并不是绝对的划分方法，比如在企业内部也有学习型组织，组织内部的学习和培训是知识交流和创造的重要因素。这些理论为进一步的实证探索企业技术创新的动因和决策依据提供了支持，有助于分析创新各个要素在自主研发和外部技术并购引进时的影响。

2.1.1　资源要素配置理论

资源基础理论认为企业是各种资源的集合体，资源各具有异质性、难以复制，从而决定了企业核心竞争力的差异。有限的资源难以满足技术的发展，企业通过不同途径获取不可替代的资源最终实现利益最大化（Miler，1990）。传统的企业管理学将企业拥有的资源分为三类：人力类、物质类和组织类。企业创新在自身核心资源的基础上，持续投入内部研发费用等资源，围绕生产、产品、市场、服务等，通过技术人才开拓智力和想法，不断发现或发明，贡献出独特的技术创新成果，积累创新知识的能力，企业创新应带来持续性的市场竞争优势。

企业在创新合作过程中，除了关注自身弱势资源，还要与资源拥有者保持较好关系（Su and Peng，2009）。若企业原有技术资源薄弱，单纯依靠获取外部资源来维持或进军新市场具有极大风险。通过资源互补，企业与其他机构间合作才能更通畅，避免资源浪费。企业的技术创新与创新合作是各种资源包括技术和资本的有机整合，通过不同层次的人才队伍，尤其是研发人员有目的和针对性地探索出新的对策和技术，最终落实到产品、服务，抑或管理模式的创新上。一系列资源要素的整合或者聚合，也伴随着有形资源和无形资源的协同发展。

资源要素及其配置经常被用作公司技术创新的定量研究。在企业创新生态系统中，从人财物等各类资源的输入，到相应的新产品或专利等创新结果的产出，以及全要素生产率的提升，都是为了提升企业的核心竞争力和公司价值，维系公司的生存和发展。随着数字经济的发展，新型要素不断涌现，如"ABCD"（AI 技术、Blockchain、Cloud、Data 的简称）。这些要素对网络时代的技术创新带来新的影响。本书对与创新有关的要素的整理见表 2－2。

表 2－2　　　　　　　　　　　　创新要素分析

资本类	技术类	专利类	新产品类	全要素生产率
研发速度	专有技术	发明专利	新产品收入	效率的改善
研发强度	专业人才	申请专利	新产品数量	技术进步

续表

资本类	技术类	专利类	新产品类	全要素生产率
研发密度	数据	引用占比	新品开发率	规模效应
研发效率	"ABCD"	—	新品市场占有率	劳动增加率
无形资产	—	—	—	资本增长率

资料来源：作者整理。

智力资本理论认为企业由无形的智力资本与有形的物质资本组成。智力资本是一种异质性战略资源，其难以模仿与替代的特点导致不同类型的企业并购绩效也存在较大差异。企业对于智力资本挖掘使用越合理，企业绩效也就会相应越高。绩效越高，企业内部智力资本对于绩效的贡献也就越大。并购企业对于智力资本的使用积极合理性程度越高，并购交易成本就能够减少得越多，企业获利能力也会得到提升，技术并购所能够得到绩效也就更高。除了技术创新一般的有形资源和要素分析，对技术人才和无形技术等资源的研究不断深化。有关技术创新的知识和能力方面的理论主要有人力资源理论、组织学习理论、智力资本理论与技术转移等理论。学者们分别将研发人员占比、研发人员数量、相关人员的知识结构、高管的知识结构等作为衡量指标实证分析技术投入的指标，并探索在自主创新过程中，人这一特殊要素对技术和创新的作用。

人力资源基础理论认为人力资源属于企业并购效果的关键性影响因素。特别是对高技术企业而言，人力资源的整合会影响并购后的企业发展和创新绩效。就专利研发和申请质量以及数量而言，重要技术人才属于促进企业创新研发的关键动力，以持续性技术革新确保市场份额。并购后人力资本持续提升，绩效也会随之升高。因此，企业要加大对并购以后人员整合的关注力度。

资源基础理论强调资源的独立性、独特性、获取方式等。在获取方式方面，衍生出了以下几个方面的相关研究：一方面通过组织内部学习，改善组织冗余，将员工个人能力或技术转变为组织共有资源，最大化开发资源利用效率；另一方面，通过外部资源获取稀缺资源，利用知识技术整合，促进内外部资源完美融合。这些研究也为技术并购奠定了基础。

2.1.2　知识学习能力理论

知识基础理论在资源基础理论的基础上不断发展。企业原有的知识资源不仅是企业未来发展生产力、拓展发展空间的基础，而且是区分于其他企业获得独特竞争优势的关键。与资源基础理论对要素的独立性和异质性的定义不同，知识资源具有可转移性、可整合性、专有性特征。知识基础一般会反映在管理结构、组织文化、产品质量等多个方面。

创新依赖于组织学习，学习被认为是创新的一个重要的过程和路径，企业在竞争中追求实现价值的创造活动，创新方式需要学习能力的发展。产品和技术的创新是好的组织学习和知识管理实践的结果（Alegre，2008）。学习是以不同方式整合新知识或综合已有知识的过程，学习引致创新，创新是学习型组织的副产品（陈国权，2009）。致力于学习的公司会增加其创新能力，自主创新能力的提高需要高效的学习能力。获取和利用新知识的能力成为企业创新并获得持续竞争力的重要渠道。

组织学习能力要能够有效地实现知识转化，要求企业知识的"创造、吸收、转化、形成以及规范"组织学习过程成为企业的自觉行为。在不同的行业，技术的创新会有一定的路径发展异质性。技术创新能够使知识在不同环节和路径中加速流动，同时也加速新知识的生成（Ahuja et al.，2000）。组织学习是高效知识管理所必备的核心组织能力或前提。组织学习可以有不同视角，如基于类型的组织学习（如单双回路、认知或行为），基于水平的组织学习（个人、团队、组织和网络），基于过程的组织学习（获取、转化、应用和保护）。

学习能力一般是指将知识资源转化为知识资本的能力，也是对创新资源和要素在获取、转移和吸收等环节上整合知识和创造新知识的能力。创新的学习和发展也具有一定的路径依赖。技术创新是新产品、新工艺和新服务的构思、创造和商业化。企业在已经具备的技术知识基础上，不断通过技术吸收与学习能力提升，推动各个利益相关者对技术知识的识别、评估、吸收和整合，从而强化企业本身的技术知识乃至技术创新的能力。由于技术创新的环节和流程存在一定差异，不同行业的企业有不一样的技术创新结构模式。

技术知识转移理论提出，技术并购就是把技术知识在企业间所进行的转移变成企业内部的转移，以此来提升技术知识转移的效率。技术人员作为知识资源的创造者与载体，人员质量决定企业产品技术竞争优势，为企业带来源源不断的引领技术发展方向的知识创新力量。技术并购中知识转移效率的高低受到并购整合实施过程中核心员工流动率的影响。并购方如果能够维持核心员工的稳定性，那么并购整合速度将会大幅提升，从而有利于提升技术知识转移效率。并购活动为企业带来知识移动和技术创新的研究涉及多个方面（郝正阳，2016）。并购能为企业带来价值是由于并购发起方与目标方企业之间可以进行优势互补，从而为彼此带来提升。技术与知识移动是指两个组织之间所拥有的经验的相互流动（Szulanski，2000），知识移动是公司通过知识流动集聚跨界可应用知识。企业之间的知识移动是企业所积累的经验影响其他企业创新行为和改变目标方的知识结构的历程（Argote，2012）。知识移动的这一流动的程序其实是企业知识学习的主要组成部分。知识移动的出发点是获取和充分使用获得的新知识。技术并购通过将知识在不同的组织之间进行转移，所获得经济效果要比组织靠自己创造知识的效果更佳（Glazer，1991）。企业进行知识转移通过获取的新知识来创造更加适合本企业的新知识（Gho，2002）。企业持续不断地获取外部知识并且将其进行吸收转化，最终作为本企业自己的知识，获取最大的经济效用。这些研究表明知识转移可以提高促进企业的创新绩效。

动态能力理论认为企业通过综合知识感知、知识获取和知识整合的能力，为企业吸收、整合、重组内外部资源，及时识别出自身的优劣势和发展方向，并不断调整应对策略、适应或变化环境的能力。企业家对涉及组织结构、治理与激励机制、资源和信息披露程度相关政策的调整，能有助于企业塑造创新成果（Aggarwal and Hsu，2014）。在并购后的资源整合过程中，企业应用已有的知识技术，持续调试内外部的各项资源，从而保持竞争优势。

2.1.3　并购动机决策理论

并购动机理论主要有协同效应理论、代理动机理论、市场优势理论等。

（1）协同效应理论是指企业进行并购活动之后会带来企业价值大幅增加，获得"1＋1＞2"的效果。为企业带来其总价值增值的驱动力是经营协同效应、财务协同效应以及管理效率提高等。

（2）代理动机理论说明并购活动产生的创新激励效果，代理动机理论假定高管并购决策是出于个人利益而不是企业的价值增值。高管并购决定有时是自大和自信的决定，会受到管理层追逐私利心理影响。管理层经过并购导致的组织结构变革后，获取短期期望利益，可能会做出不适合企业实力的决策，对并购后的成绩施加负面影响（Manso，2011）。价值的增值在被并购企业与并购发起方企业之间存在着一个分配过程，这两种理论效应可能会使并购发起方企业产生负价值，甚至会让两方皆出现综合价值下降（郝正阳，2016）。

（3）市场优势理论认为某些企业为了提升自身在行业内的竞争力并获得更全面的市场控制能力，会做出并购决策。在要素市场的调节作用下，高管的本地政治关联对中国高科技上市公司的技术并购具有促进作用，而其中央政治关联则对跨行业并购具有显著推动作用（魏江等，2013）。企业技术并购行为受到企业实际控制人的政治关联层级、并购双方所在地经济市场化程度的显著影响（蔡庆丰等，2017）。

潜在并购的存在，使得企业研发激励有所不同。企业的科技能力、组织规模、累积知识以及关键实力相关度是选择并购方式的主要影响方面（Hung and Tang，2007）。企业自主研发投入也使得公司在潜在收购中价值升高，有可能降低被收购的可能性。

2.2
经济学的技术创新范式

20 世纪 50 年代中期，创新理论形成两个重要的分支，一是将技术进步纳入新古典经济学的理论框架，主要成果就是新古典经济增长理论和内生经济增长理论；二是侧重研究技术创新的扩散和技术创新轨道和范式等理论问题。

随后的技术创新理论的研究又被分成新古典学派、新熊彼特学派、制度创新学派和国家创新系统学派等。

2.2.1　创新与经济增长理论

索洛在其提出的新古典经济增长模型中使用资本和劳动去生产一种均质产品，认为技术是可以保持不变的，将技术进步作为经济增长的外生力量，着重考察资本的作用。作为西方宏观经济理论分支，应用内生的技术进步来实现持续的增长。罗默（Romer，1986）提出收益递增增长模型，认为技术进步是知识累积的成果，知识累积是经济增长的内在动力。知识被分解为一般知识和专业知识。一般知识产生经济外部性，使所有企业都能获得规模收益，取得平均收益；专业知识给少数企业产生经济内部效应，给个别企业带来垄断利润。知识作为特殊要素，除了自身增值，也给资本、劳动等要素带来更多收益。内生增长理论存在一定局限性：（1）在现实中，新旧技术并不是完全互斥的状态，知识并非无成本传播，人员自身需具备吸收和学习能力基础才能获新知识和新技术；（2）研究中面临的问题：建模数据之间无法保证数据的独立性；变量选择多衡量结果，很少衡量过程；数据与变量的随机性不匹配。其后的学者对上述理论进行了不同形式的拓展。

2.2.2　规模报酬及效率理论

自主研发伴随着诸多的不确定性和风险性。研发活动是一项具有高风险、长周期、不稳定的投资性活动（Merton，2013）。研发初期，企业的资金、人员等研发投入较大，而创新成果未知，即使有专利成果，也不一定给企业带来预期收益。规模递减理论提出，在企业研发投入不断升高的情况下，研发投入边际报酬会不断降低，这就是规模递减效应。主要原因来源于以下几个方面。

（1）创新效率方面。随着企业规模的扩大、人员的增多、资金的充裕、业务的繁杂等，管理的幅度和层级增加，从而需要高管们进行更加规范与标准化的管理，管理团队顾此失彼导致减低在自主研发和技术创新上的时间和精力，相应的创新效率出现下降。

（2）信息效率方面。企业规模的扩大，各种技术信息增加、专利数的增多、新产品种类增长。各种创新信息在组织中的反馈层级升高。初期的研发投入、技术更迭替换、新的市场机遇、新的市场需求等都会拉长时间。在企业内部出现大量内耗，使创新效率出现降低。

（3）技术路径依赖惯性。随着企业发展，原有赖以生存的技术范式变化难度加大，技术人员也会产生一定的惰性，知识更迭缓慢，无法跳脱既有的发展惯性，从而产生"积累的陷阱"。企业即使提升研发投资，研发人员的知识惰性也会导致研发投资的效率降低。

企业自主研发投资的规模报酬递减效应，无法满足高竞争性发展的技术创新要求，企业不得不转向外部研发和外部创新。具体到技术创新的路径，从创新系统的内外视角，可以分为自主研发型创新和技术并购型创新，也有研发外包、技术联盟等形式的创新。

2.2.3　技术创新范式和路径

技术创新理论经历了从简单的线性范式发展到非线性范式，再到动态非线性交互范式的发展过程，形成众多的创新发展路径。

线性范式将基础创新看作一个简单的线性过程，即发明—开发—设计—中试—生产—销售的过程。创新目标限于某一个特定企业内部的技术过程，强调创新是企业的内生行为。该理论将创新的过程解释为一系列以研究开发为初始阶段的产品开发及生产过程，因此创新源于某种产品的研究开发，而市场则是创新成果的最终接收者。在该模型下，创新活动仅依靠单个企业内部的开发，而企业与其他组织的交流和学习关系较少，缺少市场和环境尤其是消费者反馈的作用。随着时代和技术的发展，外部的信息协调和数据交换在创新中越来越多，促使技术创新不断突破内部研发的局限。

非线性范式突破了线性创新的组织边界和思想桎梏。随着产品生命周期不断缩短，生产经营活动的各个环节都有可能作为创新的起点。创新也出现了各种资源和要素的反馈模式，知识跨学科跨行业的现象也越来越普遍。群体协同的创新不断出现，企业有动机去开发新的合作创新组织，同行竞争者、上下游企业、中介机构、研究机构、政府等利益相关者成为他们合作的重要伙伴。这种模式的发展促使企业产生合作意识，技术创新和进步在不同主体之间不断完善和修正。

交互范式则从非线性转变为动态非线性的交互，创新的形式是开放的，整个过程没有明确的创新来源。非线性交互范式能够将不同层次的创新主体融合到一起，同时与市场环境进行交互作用，激发创新过程中的信息和资源组建合作创新的机制。交互过程中每一次创新都可能带来创新主体价值的增加和效率的提升。主体之间的信息交流都是频繁和深入的，技术创新网络成为非线性交互模式的新型创新组合体系。

技术创新从经济要素视角，可以区分不同的影响路径。在线性范式中可能更多强调自主研发的技术创新路径，充分调动企业内部的资金人才和知识数据资源，不断提高技术创新的效率和全要素生产率。在非线性范式中，企业除了注重自主研发提高技术水平以外，也不否认技术并购路径、研发外包模式、产学研协同创新、网络社群等模式。"打铁还要自身硬"，没有自身创新水平和技术知识的铺垫，很难直接与企业外部技术创新知识之间建立对接联系。在交互范式中，多方驱动的技术创新出现，消费者抱怨激发的研发、消费者需求导向的创新、不同个体交叉创想的技术产品等，各种跨行业跨时空的产品，从理想到现实，多种创新范式不断涌现。

当然，创新的发展不是一蹴而就的，也会在一定范式或路径的影响下不断迭代更新，各种影响路径如表2-3所示。

表2-3　　　　　　　　　　　技术创新的影响路径

自主研发路径	技术并购路径	金融相关路径	人才与激励路径
研发设备	创新项目	风险投资	高管技术背景
技术人才比例	技术并购	研发资金	高管团队
发明专利	专利协同	新产品收入	治理关系
创新效率	新产品	财税补贴	股权激励
公司研发支出	新品市场占有率	银行贷款	—
全要素生产率	知识产权	保险	—
无形资产比例	—	—	—

资料来源：作者整理。

　　当然，这些技术创新的路径和范式不是完全固定和割裂的。各个路径及其要素之间也会存在一定交互影响。

　　（1）资金驱动的创新，有时称为"资本雇佣人力"型的创新，多发生于资金充裕、规模较大的成熟企业中，通过资金吸引技术人员参与创新，企业为技术创新提供足够的资金支持。企业用研发投入覆盖技术创新所需的资金。如大型制造业拥有巨额资金优势，进行生产工艺或产品技改项目、对拥有所需技术企业的并购等。在并购决策中，如果没有强大的资金支持，并购成功的可能性会大大降低。

　　（2）技术驱动的创新，常发生在具有独特技术优势的规模较小的成长型企业中。企业具备潜在的有商业化前景的技术，但企业的内部资金并不足以支持整个创新过程。这种情况下，如果能够得到外部资金支持作为创新投入，将在一定程度上促进技术创新的进程。比较典型的例子有知识产权局和银行针对高科技企业开发的专利抵押融资模式，高科技公司吸引风险资金进行投融资，有关科技政策中对高新技术的"雏鹰计划""科技小巨人"等认定，国家知识产权局提倡的专利密集型创新等。

　　（3）技术人才导向的创新，有时称为"人才雇佣资本"型的创新。拥有专利或者特定技能的科技人才，具备特定知识和技术经验的人员成为主要的创新要素。一些企业为了鼓励创新而采用的科技人才入股的股权激励政策，科研院所的科研人员通过创新创业的模式等，均是以拥有特定知识的人才或群体为导向的创新，区别于技术导向的创新。

　　除此之外，已有研究表明，技术方面的并购也成为企业技术创新的激励和提升的主要途径（郝正阳，2016）。

　　（1）直接得到新的技术知识。企业并购基于自己无法在短时间内获得先进的技术知识，并购成为迅速获得这种技术能力提升的有效手段。例如某化工集团公司曾经用一年的时间进行三次并购，获得并掌握某些业务方面的技术资源从而提高企业的创新水平和竞争力。

　　（2）并购优化整合现有新技术。部分企业已经拥有了较为先进的技术，但是企业现有的管理人才与技术手段无法使其充分利用该技术，无法给企业带来进一步的技术进步与创新能力的提升。通过技术并购，获得被并购企业在技术与管理要素和手段上的支持，加速新技术的产品或商业化过程，从而激励企业在此基础上进行进一步的创造，提高企业的技术转化和协同创新能力。

（3）技术研发与管理强化，提高组织创新实力。企业通过并购获得其他企业的实验室以及研究开发团队，将其与自身的研发要素进行整合，由此强化自身技术水平，提升组织创新能力。例如某公司通过并购获得其他企业的实验室以及开发团队，把自己原有的研发团队与基础与被并购企业的研发团队进行整合，以获得整体研发和管理技术水平的提升。

在日趋激烈市场竞争中，企业所具备的技术创新能力逐渐成为独特的竞争力，各类企业凭借持续性研发投入来提升其本身自主创新能力。技术并购对提升企业创新绩效的作用还依赖于技术并购后的研发投入和技术转移学习吸收等诸多要素。并购双方的资源结构的重构、信息渠道的顺畅、技术要素的磨合、知识体系的构建等，对最终并购后的创新绩效起到不同的调节作用。这些要素的界定和测度也很重要。

2.3
企业技术创新的相应测度

由于企业技术创新过程的复杂性、研究对象的动态性和创新要素的不断演化，国内外对如何测度企业技术创新绩效至今仍没有一个标准的体系。在以往的相关研究中，创新绩效多是指对企业技术创新活动中的效率与效果的评价（Hagedoorn and Cloodt，2003）。创新绩效是企业在创新活动中展现出来的经营成果或者绩效提升。在测度技术创新的指标中，没有一个指标是完美无缺的。在衡量创新绩效方面，商品的销售所得、公告的专利数目以及企业已经获得的专利数目等指标是外国研究人员最多使用的，也有一些研究人员会使用其他的市场表现数据或者财务指标进行研究。从创新效果的视角来看，技术创新绩效是技术创新的经济性产出和科技性产出的表现。

用单一技术创新投入指标衡量企业技术创新能力有很大局限性，企业财务投入和人员技术不匹配等多种原因会导致技术创新成果低，因此不能仅以投入指标衡量技术创新能力的高低。在创新产出方面，多采用专利授予数作为衡量企业技术创新能力指标（Sevilir and Tian，2012；白俊红，蒋伏心，2015）。徐宁和徐向艺（2012）选择技术人员投入强度、研发投入强度、专利申请总量、技术资产比率等多个指标作为技术创新能力变量，并通过因子分析法，提取技术创新动态能力的多维度衡量标准。王院红（2012）通过测算平衡记分卡的方式，将无形资产大致分为三类，并比较三类无形资产对企业技术创新能力的作用机理，结论显示三类无形资产与企业技术创新能力呈正相关的关系。当然现行创新绩效衡量指标有以下缺陷：一是将投入和产出指标混淆，不能准确衡量创新产出；二是指标选取只能反映短期的创新绩效，不能反映创新过程绩效。

2.3.1　企业技术创新的投入要素

在进行技术创新的时候需要进行一定的资源投入，包括人、财、物等各个方面的资源；陈劲等（2006）以科学性、完备性、可比性、可操作性等为原则，根据技术创新本质、特点、过程特征以及企业实际创新活动，对企业创新衡量指标包括研发投入、新产品的销售额占所有产品销售额的比例、高科技产品的市场份额等，最常见的是研发投入和专利数量。在实践中，研究者大多选择研发支出这一指标来描绘企业的技术创新。尤其是针对自主创新而言，研发是不可或缺的重要因素。

研发（R&D）主要是指研究开发、研究发展，是研究主体（研究院、大学、企业、个人等），对新的知识、技术进行创造性的运用，以期获得科学技术相关的新知识；或对旧技术、产品和服务进行创造性的改进、升级的综合性活动，是具备确切目标的系统行为。广义的研发分为三个方面：以发现新知识、方法为目的的基础性研究；以应用新方法、新知识为目的的应用型研究；以探索新方法和新知识为目的的试验发展。狭义的研发是对现有技术的升级改进、新产品研发与旧产品迭代。

研发投入从技术创新环节的要素投入的角度来衡量，在财务报表中常用研发支出来代表，有时候也用研发人员或者技术类人员人数，以及技术类人员在企业总人数中比例来表示。

研发强度通常用企业的研发支出在营业收入中的比重来表示，即企业将营业收入中一定比例的资金用作研发支出。比如 2019 年华为将营业收入的 15.3% 作为研发投入，则研发强度为 15.3%。

研发密度是通过资本化的方法分析而得的研发费用占当前资产的比重，通过静态资本视角，分析资产中无形资产抑或研发费用的多少。

2.3.2 企业技术创新产出的测度

技术创新绩效是指企业在一定时间段内利用技术进步与发展或者技术获取，通过有效的商业化手段与持续的创新能力提升而在其经济、技术与创新效益上的集中体现。创新产出指标是一种效果指标，主要用来评价企业在经过创新技术资源投入以及中间生产等过程之后，所产生的创新活动的成果。这种产出指标又被分为企业层面上的产出成果以及社会效益方面的产出成果。企业效益主要通过获得利润的能力与利润的大小等财务指标进行计量，社会效益以环境保护以及国家的税收水平作为评价指标进行计量。

公认的使用最广泛的指标是专利数量。田轩（2018）采用 NBER 的专利数量和引用数为创新变量，从各种金融变量视角探索了金融对创新的不同作用。针对中国企业创新活动带来的技术积累效益，以企业的专利申请数量，包括中国发明专利和中国实用新型两种，作为衡量企业创新绩效的指标。专利数量由于其相对于其他指标更高的准确性和其可获得性。有的研究主要从企业专利技术的申请数量与专利申请的增长数量来考虑企业的创新。但专利数量作为技术创新的测度指标也有问题。专利的种类繁多，不同专利的实际价值千差万别，不是所有的创新发明都能够专利化。

官建成和史晓敏（2004）认为企业的经济性成果，例如新商品数目和销售收入增加，以及科技性成果，如企业申请的专利数目等是对技术创新绩效的最好解释。创新产出绩效可分三个方面：经济效益、直接技术效益、技术积累效益。代表性指标分别有新产品销售率、新产品数量以及专利申请数量。也有研究者将几年后的相应的新产品或专利申请累积数量作为创新产出的测度指标，尤其是在知识学习理论背景下，基于专利技术的延续性，将专利累积数量作为创新的成果。

以上创新产出数据指标可以根据公司种类的差异以及各种所需资料的获取难度不一致而表现出一定程度的不同。

2.3.3　企业技术创新效率

对技术创新效率的衡量主要通过以下四个指标来进行：全要素生产率、研发效率（专利个数/开发投入）、创新商品数量占企业商品数量的比例或销售额，研究人员占比。创新的过程指标是指把资源投入企业之后处于企业经营中间状态的一种指标形式，创新效率常代表创新资源投入对企业以及行业的生产效率、利润等经济指标的贡献力度。技术创新绩效实质上就是一个公司最终的创新成果。无论技术创新绩效还是技术创新效率，一个企业的创新效率比较高，在一定意义上表明企业的创新成果较好（吴添祖，2002；魏后凯，2004）。

高建等（2004）把效率描述为过程绩效，而把效果描述为产出绩效，这两种绩效对企业发展的奉献程度就是企业的创新绩效。陈劲和陈钰芬（2006）认为产出绩效就是一个公司进行技术更新活动时产生的一种创新效果，一个公司在现实的经营活动中创造现实绩效；而过程绩效是企业在达到现实的绩效过程中，对创新活动的管理水平以及内在的绩效影响的一种评价。刘满凤（2005）直接将技术创新绩效定义为在企业投入创新要素一年之后企业的创新体系在创新活动中获得的成果以及效率，将技术创新绩效表述为其在创新投入下对该企业或者产业的生产率以及利润等其他经济度量值的贡献程度。对并购活动所带来企业创新能力，吕铎（2007）参考服务行业的竞争力、技术创新以及区域科技创新的测量标准建立了特定规则内的 KIBS 测量系统。陈劲（2008）指出 KIBS 创新的评估指标系统应当包含三个部分，即创新的投入资源、实力资源以及成果指标。闫莹和赵公民（2011）从创新的基础、过程以及效果方面进一步完善 KIBS 系统，采用四种指标体系来评价企业创新效率：创新投资评价指标，使用研发经费投入、信息技术支出和人力资源投入等指标进行判断；创新环境测量指标，使用创新文化气氛、科研机构协作、产业聚合创新等指标进行判断；创新过程评价指标，使用客户交流能力、企业创新认知、新技术的使用和团队合作精神等指标进行判断；创新绩效评价指标，使用创新收入增加、客户价值提升等指标进行判断。

基于上述公司技术创新的各个主要要素以及相关主要变量，汇总出如表 2－4 所示的相关变量以及解析，为本书未来的实证研究服务。

表 2－4　　　　　　　　　　主要创新变量与解析

变量名称	符号	计算解析	参考来源
研发强度	RDI	年度研发投入/年度营业收入	曹志广（2012）
技术人才占比	HRD	年末技术人员占员工总数的比值	朱晋伟（2015）
研发密度	RDA	研发费用/当前资产	Choi（2016）
研发投入	RDL	研发费用取对数	—
研发设施	FA	固定资产净额占总资产比重	朱晋伟（2015）
创新转化能力	DIA	扣除土地使用权的无形资产占总资产比值	洪亮（2018）
创新效率	PR	并购前一年专利申请量/研发支出自然对数	刘端等（2018）
创新绩效	PAT	LN（公司各类型专利年度申请数＋1）	温成玉（2011）
创新演化1	PAT1	LN（企业并购后一年专利申请量＋1）	王宛秋（2016）
创新演化2	PAT2	LN（企业并购后2年专利申请量＋1）	王宛秋（2016）
并购决策	Bid	公司某年宣告并购则值为1，否则为0	洪亮（2018）
技术并购	Tech	技术并购1，非技术并购0	—
技术重合	Overlap	并购双方存在同部或同大类专利1，无0	—
知识基础	PAT_5	LN（并购前五年专利申请累积量＋1）	Ahuja（2001）
成长时间	DY	并购年份与并购方成立年份差值	—
并购价	LP	并购价的自然对数	王宛秋（2016）
无形资产	LN_IA	无形资产的自然对数	王宛秋（2016）
产品差异	Uniq	（销售费用＋管理费用）/营业收入	—

续表

变量名称	符号	计算解析	参考来源
研发过度	RDI^2	（年度研发投入/年度营业收入）的平方	—
技术差距	TD	并购前三年并购方与目标方专利授权总量比	王维等（2009）
相对规模	Relate	并购交易额/企业总资产	—
财务风险	ZM	改进 Altman 的 Z 指数公式	Altman（1999）
财务风险	Risk	营业净利润率三年标准差	钟田丽（2014）
财务杠杆系数	DFL	EBIT/（EBIT – I）	—
融资约束	FC	参考 LFC 指数综合指标	况学文（2010）
关联交易	RT	关联交易 1，非关联交易 0	—

资料来源：作者整理。

第3章

技术并购与研发路径

技术并购是企业以获取外部技术创新要素为目的，以提高自身技术竞争力为驱动，依靠企业知识基础或资金实力而对外实施的收购和兼并行为。技术并购是企业实现战略性自主创新的一种重要途径，也是实现技术转移的一种重要形式。企业进行技术并购有可能是为了获取自身的发展所必需的技术要素，也可能是争夺其他同类企业的技术资源以避免未来出现同类产品或服务的竞争。并购方在自主创新背景下，通过对外获取技术资源和要素，与企业自身的创新能力相整合，最终提高企业的核心技术竞争力。

在并购利益相关者中，采取现金及股权支付方式获得其他公司技术、资源、股权或是资产的公司为主动收购公司（并购方），而出让资源、股权或资产的公司为目标公司或被收购方（目标方）。并购分狭义及广义两个层面。广义层面上的并购涵盖了兼并、收购、股权转让等，不需要对并购方为上市公司与否以及控股权出现改变与否施加限制；狭义层面上的并购只是表示对上市公司控股权的收购与转让，收购相应比例股份并获得部分公司控制权。

为了区分开拓市场、获取实物资源、扩大企业规模的并购，将大多数以获取技术或创新资源要素为主要目的的并购交易界定为"技术并购"。技术并购是企业以获取外部技术为途径，以提升自身技术能力为目的而实施的并购行为（Ahuja and Katila，2001）。概念的界定主要是受到并购动因的影响。多数研究中又把技术并购划分为"创新并购""创新公司的收购""以知识和技术为基础的并购"以及"技术性小企业并购"等。有的将其称为"技术与小企业收购",也有的称为"技术驱动的新型技术型公司的收购",多是从促使企业开展并购的驱动因素出发定义技术并购。本书主要论述以获取技术为目的的并购,即技术并购。

技术并购能够让企业与技术发展趋势相匹配,是产生相应预期技术和经济乃至战略效益的关键渠道。对技术并购的相关研究主要但不局限于以下几个方面。

1. 技术并购方的规模

技术并购多发生于资金实力雄厚的大企业与中小型技术密集型企业之间,前者多为并购方而后者多为目标公司。刘开勇(2004)指出技术并购是有资金实力的大企业将技术需求作为向导,将技术获取作为目的,以大企业为主体实施的对中小企业并购行为,通常所并购的中小企业都具有某种独特技术。此种并购的关键在于并购方企业追求技术多样化或强化其本身技术能力。谢伟等(2011)认为技术并购就是为了获取目标公司的先进技术和技术资源,而与企业的规模无关,认为技术并购不局限于大企业,大中小企业都可以进行技术并购以提升自身的科技和技术水平,满足自身发展所需要的技术。成熟大企业可以通过对技术密集型小企业进行并购来缓解自身创新效率下降造成的发展困境(Sevilir and Tian,2012)。创新型中小企业很有可能为突破性创新提供新技术和知识,有利于大企业吸收内化中小企业技术创新潜力(Anderson and Xiao,2016)。本书对技术并购的研究并不限定企业规模的大小。

2. 技术并购的控制权

企业并购包括兼并和收购,简称"M&A"。兼并(merger)在《新大不列颠全书》中被解释为"两个或以上可以自主控制的企业融合成为一个企业,一般来说是由一个占优势企业吸收另一个或多个企业的行为"。兼并后被并购方或目标方的企业形式不再存在,丧失法人地位,被纳入并购方的新实体经营与管理。收购(acquisition)是指一家公司通过使用现金以及其他有价证券购买目标公司的资产或股票,通过合法形式取得目标公司的全部或者部分所有权合法产权交易行为。可以是全部收购,也可以是部分收购一定的股本,而双方的法人地位不发生变化。

技术并购完成之后，并购方得到了目标方的控制权，能够凭借并购方所制定的发展战略来科学整合技术资源，属于技术转移的根本性形式。凭借相应的技术并购，将目标方的技术创新相关资源当成并购的结果，把组织的外部技术资源转变为企业内部所有，整合成并购企业自身的科学管理能力以及创新能力，从而降低企业的资源壁垒，尤其是知识产权障碍。

3. 基于技术升级的并购分类

技术并购的具体动机是要得到新技术、迈进全新领域、达成技术升级转型及换代、获取特定技术资源。技术并购以目标方的技术资源为目标，将外部技术资源转化到组织内部，是一种以资本为纽带的紧密合作创新形式，最终目标是通过整合并购双方资源来提升创新和技术能力（王宛秋、马红君，2019）。所以，技术并购属于战略并购。从公司的技术发展视角，结合技术和生产升级等视角，可将技术并购分为以下几种。

技术跨越式并购：对于并购方，如果贸然进入全新技术领域或与其关联不大的行业，由于人才、技术和管理等技能和经验不充分，知识和技术不匹配，会导致一定的经营和管理风险。因此，选择技术跨越式并购，把目标方的技术和人才等技术要素纳入收购方案，可以弥补这方面的不足，从而在跨入全新行业领域和开拓新市场时，降低技术壁垒和经营风险。

技术升级型并购：在存在业务或产品竞争和联系的企业之间，一旦有中小技术企业的核心技术具备优势，那么具有规模或者资金实力的并购方可以通过技术并购方式对中小企业提出收购要约，以避免被竞争对手收购而对自己造成威胁，同时以此达成技术升级目标。这需要并购方具备一定技术识别能力，自身有一定研发实力，知道哪些潜在企业具有技术实力。这方面的并购需要有大量的企业从事相关技术产品的研发和经营，为技术升级型并购提供市场空间。

技术互补型并购：两个企业的技术资源或要素具有一定异质性，具备技术方面的互补特性，从而使得两个企业极易发生技术互补。这两种企业有可能处于产业链的上下游，也可能是同行业的互补产品的提供者。在日益剧烈的竞争下，技术互补并购需要两个企业具有一定的技术邻近性或者互补性，不同技术相互支撑，对并购后的竞争力提升具有一定促进作用。因此，此种并购可能带来原产品核心技术的关键性突破，并实现并购方的产品因为技术突破而带来的跨越式发展。

4. 技术并购的成本

并购中目标企业的价值和价格是并购方的最大成本。企业为了发展和竞争需要，尤其管理者在股权激励的推动下，会积极提升企业的价值。随着企业在市场中的相对竞争力提升，公司整体价值提高，围绕公司价值的潜在收购价格也会相应增加，潜在收购或恶意收购成本都会升高，从而避免不必要外部企业的觊觎，防止扰乱企业经营。如果目标方是上市公司，目标方企业也可能会出现"白衣骑士"和战略投资者，这些投资者的存在，会对并购方的技术并购带来无法预料的问题和额外的成本。

按照法律程序，随着并购意向的披露，目标方的议价和股东对目标公司股票价格的不同判断，会使得以股票收购的价格水涨船高，从而加大收购的绝对成本预算。

除了价格因素以外。企业还会关注并购中的交易成本。交易成本理论提出，技术并购在一定程度上会引发对自主创新带来互补或者替代等多重影响，技术并购将外部创新市场的交易费用内部化，并购产生的交易费用对自主研发支出产生挤出或溢出效应。卢福财和胡平波（2007）研究发现，利益相关者通过长期利益目标所构建的技术和知识上的互利关系，有利于降低企业各项交易费用。对创新方面的交易成本具有一定影响。交易成本理论表明，每一个类型的经济组织的变化都不会是静态均衡的（Visser，2007）。因此，在技术创新的并购研究中应该采用动态变化的观点去分析并购的成本。在技术创新网络中，混合式的交易手段可以通过资源共享来减少交易成本（Andreea，2008）。技术并购完成后也会使得内外技术资源和要素逐步内部化，在一定程度上降低交易成本。

5. 技术并购的创新

按照并购发起方与目标方所在行业的主营业务相关程度划分，技术并购的类型可以分为同行并购、垂直并购以及混合并购。根据并购形式的不同，各个技术要素和知识在新企业中不断演化。

（1）同行技术并购或者说水平技术并购是相同或类似产品或技术的企业之间，为了提升技术水平进行的收购。技术并购预期会产生规模经济效应和协同效应，降低公司的生产和技术成本，并形成技术垄断或相对竞争力提高，扩大市场占有率。并购各方由于产品服务等方面的同质性，并购后极易迅速获得新技术和扩大市场份额。随着竞争力的提升，可能会出现垄断，容易受到监管部门的阻碍和反垄断法的限制。

（2）垂直技术收购是指并购各方处在高技术产品或科技服务的链条或者流程的不同位置上，优点是降低上下游之间的协商成本，产品服务流程更有效率，技术向商品的转移更迅速。

（3）混合并购的并购双方的技术、产品或服务类别不是完全一致的，不属于一个技术产品或服务的大类。这类技术并购活动的动因更多是主并购方为了经营领域多元化，降低企业投资或经营风险，以及减少技术更迭的风险。通过收购跨越技术壁垒和专利障碍，不断寻求新的技术。有利于企业在不同技术领域获得更多的机会，同时锻炼和培养更多元的综合人才。混合并购的主要问题是急需熟悉本技术规律和经营管理的人才。

无论何种技术并购，都需要将双方的技术资源和要素进行整合，形成新的创新能力和技术知识。在创新形成过程中，各资源要素在双方企业里的异质性会随着并购逐步求同存异。各个技术要素之间也会交互影响，不断创新演化，形成新的技术、知识和综合创新能力，提高企业的创新效率和技术竞争力。上述研究进一步激发了学者们对并购双方企业在自主研发和技术并购方面的战略决策方面的研究。

3.1

技术并购和自主研发抉择

2020 年我国某汽车集团宣布破产，再次引发了对我国汽车业发展的各种争论。比如认为花钱不一定获得真正核心技术；认为企业没有研发实力，对外来技术形成渠道依赖；资本与技术之争等。汽车这个典型制造业，涉及上下游配套行业很多。如果聚焦国内汽车市场，哪些技术依赖自主研发？哪些技术可借助外部技术转移或并购？如何面对和处理自主研发中的潜在风险？内部研发技术和并购技术之间存在哪些技术差距？资本、人才、技术和数据等创新要素如何搭配？这些问题对公司技术创新比较重要。同时放眼全世界，上述问题也不乏研究意义。

3.1.1 技术创新的内源与外源假说

1. 内源与外源式创新假说

实践领域的管理者通过向标杆企业调研学习甚至仿效成功企业商业模式、构建公司创新体系、引进创新技术等方法来提高企业创新绩效。学者们通过研究自主研发、技术引进、组织学习、知识转移或创新联盟等相关理论探讨提高企业技术创新绩效的途径。这些研究基于企业自身创新水平，将创新以企业组织为界限，划分为内源式和外源式创新。

郝清民和钱书生（2012）结合以组织为中心的结构—行为—绩效研究方法，遵循技术创新知识的不同发展路径，根据创新的组织要素的参与积极程度将技术创新划分为两类。（1）一类是发端于组织内部的要素及结构保障型的内源式创新。基于特定组织创新体系构架，企业内部组织要素参与较多，研发人员主动性较强，通过组织内部自主研发或组织内部消化吸收，此类创新更多的是非物质、开创性、探索式、倾向于内部挖潜的技术或管理层面的创新。（2）一类是组织引进的外源式创新。企业组织内部要素很少主动参与，但有一定技术知识匹配的需求，此类创新大多是由外部技术学习和引进的创新，以外部技术核心为主，内部要素配合发展的技术为辅，共同生产具有一定技术含量的产品。技术路径主要通过组织的学习导入和吸收技术创新，多是可见、改进型、模仿式、倾向于具体的技术形式的创新。

通过对国内外大量企业样本的调研和分析研究发现，内源式创新在有些发达国家具有显著比较优势，而在中国的样本中，管理者更多期望通过学习导入型的技术创新，辅以组织驱动型创新。这种对不同技术创新来源的关注，也会影响创新的绩效。

欧洲的部分样本中，知识密集型产业倾向于内源式创新和学习型创新，尤其是知识密集型或技术密集型的小企业，更倾向于使用频繁的信息技术手段和内部的组织学习提升技术和管理创新能力；传统的劳动密集型或资本密集型企业以内源式创新为主，而外来学习型创新的统计检验效果不显著，自主式、内源式创新更受重视，而外部引入式、通过学习引进的技术创新不太多见。

中国的样本数据表明，学习型外源式创新作用比组织导向内源式创新更受中国企业的重视。在中国高新技术产业与传统产业，无论是学习导向型创新还是组织导向型创新均比较显著，体现在中国企业对于引入外来的学习型创新和组织内源型创新方面均比较关注。在中国高新技术企业中，高层领导者更关注短平快的学习型导入式技术和管理创新，对加强管理的组织创新不太关注。说明在中国企业技术管理中，还有很多要学习和引进的技术。这方面的研究也为技术并购决策奠定了现实基础。

处于不同管理层次的人员对创新持不同看法。高层人员认为内源性技术创新对创新绩效影响比较显著，外来技术为主的组织学习型创新则相反，高管更重视组织导向自主创新。中层和基层管理者认为组织学习和组织结构对创新的影响不是那么重要，高层管理者往往对组织创新则比较关注。从企业整体角度，建立各个组织协同研发机制，企业创新是整个企业的重要工作，而不是某个职能部门的任务，中基层管理者往往是创新行为具体实施者，因而对创新能力的整体性关注不够。

内源式创新与外源式创新均是企业创新绩效改善的基础。发达国家企业样本数据更倾向于内源式创新，中国企业更多关注组织学习型外源式创新；技术或知识密集型强调组织学习与创新，而传统企业应该注重组织自主创新。随着我国企业的技术水平逐步升级换代，从制造业大国向制造业强国的转变，企业对外交流的增多，跨国并购的数量增加，涉及的外源技术要素越来越多，技术并购的发展创新模式也越来越受到重视。因此，企业应该关注技术创新策略的适时调整和企业间的协调沟通，以促进不同形式的创新。

2. 内部研发与外部研发的创新绩效

基于《中国高技术产业统计年鉴》和《中国科技统计年鉴》2010 ~ 2019 年的面板数据，本书选择高科技制造业中的 17 个高技术行业（医药制造业中的 4 个行业，航空航天器制造业中的 2 个行业，电子及通信设备制造业中的 7 个行业，电子计算机及办公设备制造业中的 2 个行业，医疗设备及仪表制造业中的 2 个行业）。将这些企业的 R&D 支出分为内部支出和外部支出，选择变量见表 3 - 1。

表 3 - 1　　　　　　　　　　　　变量定义

变量	定义	符号	参考来源
被解释变量	专利申请量	PAT	孙早、宋炜（2012）；洪嵩（2015）
	新品销售收入	NP	陈丽清、白都浩（2012）；李晨（2009）
解释变量	R&D 经费内部支出	RDP	胡义东、仲伟俊（2011）
	R&D 外部支出	RDO	—
	R&D 人员全时当量	RDP	冯文娜（2010）；洪嵩（2015）
控制变量	政府资金	GOV	洪嵩，2015
	企业数	NUM	李晨（2009）
	主营业务收入	RP	—
	总资产	SIZE	杨勇（2007）
	机构数	RI	企业设立的研发机构数量

资料来源：作者整理。

创新绩效主要选择专利申请量和新产品收入。解释变量中研发经费内部支出（RDP）是指企业在报告年度用于内部开展研发活动的实际支出，包括用于研发项目活动的直接支出，以及间接用于研发活动管理费、服务费、与研发有关的基本建设支出以及外协加工费等；不包括生产性活动支出、归还贷款支出以及与外单位合作或委托外单位进行研发活动而转拨给对方的经费支出。研发经费外部支出（RDO）是指委托外单位或与外单位合作进行研发活动而拨给对方的经费。研发人员全时当量（RDP）指研发中全时人员（全年从事研发活动累计工作时间占全部工作时间 90% 及以上的人员）工作量与非全时人员按实际工作时间折算的工作量之和，是用来衡量企业研发活动中劳动力投入的指标。政府资金（GOV）通过法律制度财税等多种渠道影响创新。市场作为"看不见的手"引导信息、统一联系、分配资源，而政府"看得见的手"可以实现资源优化配置、提高研发产出。企业数（NUM）作为市场结构变量来衡量我国高技术制造产业竞争程度，即一个行业的企业数越多，表明该行业竞争程度越高。

对所有变量取自然对数，进行 ADF 单位根检验来判断数据是否平稳。为了突出研究主体，此处省略掉描述性统计各种检验过程。选择面板回归固定效应，通过 Stata 软件进行处理，获得的回归结果如表 3 - 2 所示。

表 3 - 2　　　　高技术制造业内部和外部研发对专利申请（PAT）与新产品收入（NP）的影响

变量	PAT	PAT	PAT	PAT	NP	NP	NP	NP
内部研发 RDP	1.062 *** (4.430)	1.070 *** (6.089)	—	—	0.462 ** (2.614)	0.583 *** (4.313)	—	—
研发外 RDO	-0.054 (-0.775)	—	0.100 (1.343)	—	-0.117 ** (-2.288)	—	-0.011 (-0.197)	—
人员当量 RDP	0.140 (0.407)	—	—	1.078 *** (3.829)	0.537 ** (2.123)	—	—	0.820 *** (4.141)
控制变量	控制	控制	控制	控制	控制	控制	控制	控制
R^2	0.883	0.882	0.836	0.856	0.935	0.928	0.913	0.927

注：***、**、* 分别表示在1%、5%、10%水平上显著，（）内为 t 检验值。本书以下各个回归表格均同。

资料来源：Stata 统计输出。

从表 3 - 2 可知，我国高技术制造产业研发内部支出显著影响专利申请和新产品收入。研发内部支出对专利申请量的贡献率高于研发外部支出。研发外部支出减少了内部专利申请量，打消了内部研发的积极性，但效果不显著。这表明在我国高技术制造产业的研发活动中，内部支出起着很重要的作用，外部研发支出对新产品收入具有显著负面影响。

在研发人员与创新的相关关系中，研发人员投入的显著性对专利申请量和新产品开发产生积极作用。研发人员在创新活动中发挥积极作用，随着知识产权和专利意识提升，专利申请量增加；科研机构的创新激励机制以及成果奖励制度推动研发人员科研专利申请数和新产品开发量的提升。

总之,在研发方面,目前我国高技术制造业还是内部研发为主,研发人员对专利和产品产出具有积极的作用。企业有踏实的内部创新基础,才能识别外部技术水平质量,为可能的技术并购和合作创造有利条件。

3.1.2 外部并购与内部研发激励

国内外学者的研究认为自身创新能力较强的企业大多数作为主动的并购方去兼并自身创新能力较弱的目标方企业。

周默涵和柳庆刚(2013)从理论研究视角,在传统的寡头市场研发竞争文献的基础上,考虑内生性并购博弈的作用,并进一步假设由于研发投入提高创新效率,导致企业间边际成本差别过大,则两个企业产生通过并购以提高协同效应的动机。在假定研发只会改变行业竞争企业成本结构而不会改变市场结构的前提下,探索并购预期对企业研发激励的影响,发现企业研发投入的激励会影响并购的发生。当研发的成本并不是很高时,潜在的收购方通过更高的研发投入拉低二者之间的技术差价,以压低潜在的并购价格。潜在目标方通过增加研发,使得自己价值更高而难以被收购,或迫使收购方购买其他企业,目标方享受"搭便车利得"。特别是在一些研发活动较为频繁的行业,倘若监管当局允许并购,则各企业的创新效率会因为更多的研发活动而上升,从而有可能导致社会福利的增加。

也有研究发现,收购方对相应的技术竞争对手的收购,对技术竞争具有一定的市场挤出的效应,在一定程度上减少了竞争对手市场份额,进而能够使得企业的产品在价格以及市场方面的垄断性不断增强。并购后,市场竞争减少会抑制并购方的自主研发意愿,并购方倾向于以技术垄断地位独享利润。

上述并不完全统一的结论说明,对主动的并购方而言,如果以获取技术资源和要素为目的,则目标方需要具备一定的显性技术实力,比如可查的专利、特有的技术、成型的产品等。专利数少、内部研发较多的企业常被作为目标公司。创新能力更强、拥有更多专利的并购方研发投入相对较少,创新效率较高(Bena and Li,2014),说明并购方也必须具备足够的技术实力。没有哪种技术或者专利完全靠买来就能提升技术实力。

周默涵和柳庆刚（2013）的结论也说明并购双方的技术差距或者研发实力差距对并购的发生具有一定影响。基于并购目标和研发项目目标，并购方必须要匹配相应的人财物资源，需要对内部组织结构进行改革优化、彻底整合、配置互补。只有双方实力在一定范围内、技术资源相对平衡，才能够实现技术并购的协同效应。技术并购实际交易后，并购双方需要进行技术知识转移和整合。

技术轨道学说认为一个公司脱离现有技术轨道非常困难，而并购能为企业提供进入新的技术轨道的机会。王婉丽（2009）以企业取得技术属于什么种类为出发点，在将并购活动进行分类时以产业与技术能力的外延作为分类依据，最终把企业技术并购分为两种方式，一种是在同种技术领域内选择目标企业，这种情况下并购发起方企业就可以在较低的风险与成本条件下进入一个较高的技术轨道；另一种是跨行业选择目标企业，通过获取不同行业的技术，推动本企业向更新的技术领域发展（郝正阳，2016）。

提高内部研发投入能发展企业技术能力，能结合自身情况将外部技术更好地融合进来，创造出更具有竞争优势的技术共同体。在技术并购后的技术传导共享、吸收整合过程所获得的技术协同效应越明显，技术并购绩效就越好。但我国学者研究得出了相反的结论。美国 NBER 的专利数据表明，并购双方"专利和研发"的组合中，专利多研发少的多为并购方，专利少研发多的多为目标方量化，技术总量相差不大。如果按照每单位研发产出专利核算，创新的效率差距巨大。创新能力更强、拥有更多专利的主并购公司 R&D 投入相对较少，创新效率较高；而专利数量较少、内部研发投入较多的企业常常在技术并购中作为目标公司（Bena and Li，2014）。周城雄等（2016）发现技术并购中的并购方创新能力相对较低，规模较大的公司为抵消其创新能力的下降而实施技术并购，发展较为成熟的公司在产品链中常常着重于将技术转化为经济价值并向市场推广。而新兴的中小型技术密集型企业则更加依赖于原始创新或技术突破。并购后技术竞争的减少在一定程度上会抵消并购的协同作用。技术并购与自主研发决策对企业的技术创新具有很大影响。实施技术并购的动机一般是获取技术资源，提升自己的技术水平，产出更独特的技术产品，从而增加企业价值，提高在潜在的并购中或者产品市场中的议价能力。

3.1.3　自主研发与并购抉择

国内外的企业并购先后经历了几次高潮，通过并购涌现一批大型跨国公司。随着并购趋势向技术并购、跨国并购蔓延，并购和创新之间的关系成为研究的焦点，主要体现在两个方面。

（1）技术并购和自主研发的抉择。周小春和陈灿等（2014）对国内外有关技术并购和自主创新之间替代或互补从并购方吸收整合能力和目标方的创新能力方面进行了分析。皮建才和杨雳（2015）构建企业自主研发和跨国并购两种博弈模型，对我国民企成长路径对比分析，从市场规模、企业数量、技术差距等方面对民企选择逆向并购还是自主研发给予建议。刘端、朱颖等（2018）以我国技术密集型上市公司为样本，通过分析并购方并购前自主研发形成研发资本存量和通过技术并购获取的外部技术资源两方面对并购后的技术创新效率的作用，得出并购前企业自主研发和投入形成的技术创新存量显著提升并购后的创新效率的结论。根据来自美国的数据资料，医药行业1994~2001年的160个并购案例显示，经历产量下降危机的公司更倾向发起并购，重新提升研发能力；并购方内部积累专利越多，并购中议价能力越强，向目标方的支付的溢价越低，也就越可能发起技术并购（Higgins and Rodriguez，2006）；有学者基于1984~1997年的并购样本，研究企业技术创新能力是否是企业做出并购决策的驱动因子和企业并购后对于未来一段时间技术创新能力的影响（Zhao，2009）；技术并购和自主创新间关系复杂程度较高，原本在创新投入方面不多且短期创新能力相对较弱的高科技公司并购意愿通常较为强烈（Wagner，2011）；基于1980~2003年的制造业并购案件，加权专利引用数量显著促进技术并购的概率，并且并购对于创新的影响在不同行业存在差异（Entezarkheir and Moshiri，2016）。做出并购决策的公司大多创新能力偏低，且并购决策之前的一段时间内技术创新能力有所下降；在这些并购方中，技术创新能力差的公司更倾向于完成一项并购交易，而技术能力强的并购方完成并购交易的动力较弱。

（2）企业并购动因方面，张峥、聂思（2016）认为技术并购显著促进并购方的创新绩效，而不以获取技术为目的的并购对创新绩效无显著影响。目标方并购前的技术资本存量、知识积累规模对并购创新绩效产生倒"U"形影响。张学勇、柳依依等（2017）研究了并购双方创新能力对并购后业绩影响，认为目标方创新能力越强，并购后上市公司股票价格长期表现较好，但短期内差别不大。目标方的创新能力比并购方对公司股价表现更关键。黄璐、王康睿等（2017）分析技术并购过程和目标方资源对创新绩效的影响，认为技术并购促进并购方创新绩效。目标方的资源促进创新产出绩效，但对创新过程绩效影响为负。周城雄、赵兰香等（2016）用 A 股数据表明参与并购公司的创新能力比未并购公司一般较弱，并购发生前几年专利数增速显著低于未参与并购公司，专利数对并购决策没显著影响，即创新还不是并购的驱动力。美国 1984～1997 年的 1349 起并购事件表明，以研发投入和专利数分别衡量的创新投入和创新产出数量没有显著影响并购决策（Zhao，2009），以专利引用数衡量的创新产出质量负向影响并购倾向，自主创新不足的企业更倾向于发起并购。并购前存在技术重叠公司发生并购交易可能性增加，产品市场重叠的影响程度有所降低；技术领域关联并购后企业创新性显著提升（Bena and Li，2014）。基于上述分析，本书进一步研究我国企业技术并购决策是否是基于自主研发和技术创新的考虑。

1. 并购决策和技术创新度量

被解释变量：并购价格因素采用并购交易总价值并取对数（LP），基准并购决策年为 2014 年和 2015 年，基准年内宣告并购重组公司，bid 记为 1，前后两年均未宣告并购事项公司记为 0。其他变量见表 3 – 3。

表 3 – 3　　　　　　　　　　　　　　变量列表

类别	变量名称	符号	变量含义及计算方法	参考
因变量	并购决策	bid	基准年并购重组为 1，否则为 0	Zhao，2009
	并购约价	LP	收购价格 +1，取自然对数	王宛秋，2016
自变量	研发强度	RDI	年度研发投入/年度营业收入	曹志广，2012
	技术人员占比	HRD	技术人员占员工总数的比值	朱晋伟，2015
	专利申请数	LPAT	所有类型专利年度申请数 +1，取自然对数	温成玉，2011
	创新转化	DIA	扣除土地使用权的无形资产占总资产之比	洪亮，2018

续表

类别	变量名称	符号	变量含义及计算方法	参考
控制变量	现金持有水平	Cash	现金及现金等价物余额占总资产的之比	—
	规模	Size	企业总资产取自然对数	—
	资债率	LEV	总负债/总资产	—
	第一股比	Top1	第一大股东持股比例	—
附加	成长能力	Dsale	年度营业收入增长率	—
	收益率	Return	年化平均收益率	—

资料来源：笔者根据相关文献整理。

本书从 Wind 和 CSMAR 数据库选取我国 A 股市场 2012~2017 年的数据，以做出并购决策的 1117 家公司和五年间均未做出并购决策的 682 家上市公司为样本，仅保留控制权发生变更的案例，剔除少数股权并购，剔除涉外收购，剔除数据缺失严重的样本。2014 年有并购决策的 326 家，2012~2016 年均未并购的企业 256 家，获得 582 个有效样本；2015 年有并购决策公司数量为 791 家，在 2013~2017 年未做出并购决策的公司数量 426 家，样本数为 1217 家。

按照中国证监会《上市公司行业分类指引》（2012 年修订）归类的行业分布，制造业及信息传输、软件和信息技术服务业在 2014 年、2015 年发生并购的公司较多，有近 2000 个样本。上述指标除数值比率指标外，对总量指标如专利、规模均取自然对数，从而减低趋势的影响和自相关比率。此处省略相应的描述性分析和相关分析以及描述性统计和共线性等数据预处理和检验过程。

2. 创新要素与并购决策分析

基于对经典模型（Xinlei Zhao，2009）的参考，运用二元分布 probit 模型和多元回归检验企业并购决策时对于自身技术创新能力的关注。针对前述变量以企业并购发生与否（bid）为因变量，分别以技术创新投入能力、技术创新产出能力和技术创新转化能力为解释变量进行回归分析。将 2012~2017 年的样本数据汇总，对被解释变量 Y 分别用并购约价的自然对数 LP 进行多元回归，对是否做出并购决策 bid 进行二元分布 probit 回归分析，结果见表 3-4。

表 3-4　　　　　　　　　　　　　技术并购决策与约价

变量	(1)		(2)		(3)		(4)		(5)		(6)
	LP	bid	LP	bid	LP	bid	LP	bid	LP	bid	LP
研发强度 RDI	-0.00 (-0.13)	0.00 (0.41)	— —	— —	— —	— —	— —	— —	-0.02 (-1.04)	-0.00 (-0.68)	-0.02 (-1.17)
技人比 HRD	— —	— —	0.01* (1.91)	0.00** (2.29)	— —	— —	— —	— —	0.01* (1.91)	0.00** (2.01)	0.01* (1.74)
专利产出 Lpat	— —	— —	— —	— —	0.04 (0.45)	0.03 (1.24)	— —	— —	0.05 (0.64)	0.03 (1.37)	0.05 (0.61)
创新转化 DIA	— —	— —	— —	— —	— —	— —	0.08*** (2.72)	0.03*** (3.18)	0.08*** (2.70)	0.03*** (3.16)	0.16*** (2.95)
DIA·DIA	— —	— —	— —	— —	— —	— —	— —	— —	— —	—	-0.01*** (-1.7)
控制变量	控制	控制	控制	控制	控制	控制	控制	控制	控制	控制	控制
观测值	1799	1799	1799	1799	1799	1799	1799	1799	1799	1799	1799
R^2	0.02	0.02	0.02	0.02	0.02	0.02	0.02	0.02	0.03	0.03	0.03

资料来源：Stata 统计输出。

根据表 3-4 统计回归的结果，依次将自主研发投入能力指标、专利产出能力衡量指标、技术创新转化能力指标作为模型的解释变量逐步回归分析，判断各个变量对并购决策的影响。两次结论基本相似。

列（1）和列（3）表明，以研发投入强度 RDI 和专利申请数衡量的创新产出能力 Lpat 对企业是否做出并购决策的影响并不显著，说明样本企业的并购决策并不是由自身创新投入强度和创新产出能力驱动的。驱动因素更多涉及资金和技术要素，公司并购的决策对这两个技术要素不是太关注。

列（2）表明，以技术人员占比为主的自主研发要素在统计学上显著，自有研发中的人才占比作为主要的也是最积极活跃的自主研发要素，对企业做出并购决策有显著的推动作用。无论是自主研发还是技术并购，无论是资金和技术，都依托人才队伍的技术研发和创新管理能力。

列（4）中依次加入了衡量技术创新转化能力的扣除土地使用权的无形

资产比率指标，回归结果显示，无形资产比率对于企业做出并购决策的概率具有显著的正向影响，且显著性水平为 1%，即当企业的创新转化能力较强时，更倾向于发起并购。这说明在整个技术创新的系统工程中，最终的成果转化效果是影响企业并购决策的重要因素。而前期的资金研发强度、专利申请过程并不会显著影响企业并购决策，而创新转化能力的显著性说明并购决策以技术创新的结果为导向（洪亮，2018）。反观无形资产的组成，不难发现很多无形资产对品牌专利和商誉等核心识别能力的度量已经综合进无形资产中，无形资产占比较高的企业更倾向于利用已有的品牌优势、市场势力、产品技术等优势，对其他品牌和技术不具备比较优势的企业进行兼并收购。

列（5）对企业各种要素进行了综合考虑。前期最直接的创新要素中，研发强度和专利申请并未显著引发并购重组决策。企业并购决策常常是多种动机和诸多要素驱动下的系统分析和判断。在考虑技术创新驱动并购时，一般认为企业是为内部某些关键或重要人才而发起并购的，由这些人员判断目标方是否具有技术并购的价值。当并购企业的核心能力诸如技术创新成果积累到一定程度，无形资产占总资产比率达到一定限度时，无形资产比率在 1% 的显著性水平下显著影响企业做出并购决策的可能性，且创新转化能力的显著性和拟合优度最高。

列（6）表明企业的并购决策倾向会受到企业技术创新转化能力高低的影响。无形资产比率一次项系数为正，平方项为负，说明技术创新转化成果的能力与企业做出并购决策倾向呈倒 "U" 形关系。无形资产比率对于并购决策倾向的影响存在某个合理区间内。随着企业技术创新转化能力提升，企业做出并购重组决策的概率逐步加大。技术创新转化是技术创新总体过程的核心，当技术创新成果转化为由创新者或企业拥有或控制，并且能够通过其获得商业价值时，才将技术创新成果认定为技术创新资产。但当达到或超过极值时，无形资产占比的继续增大反而抑制企业并购的可能性。

为分析自主研发与创新转化的交互影响，特引进自主研发强度 RDI 和创新转化比例 DIA 的交乘项，对并购约价因素重新回归分析，具体结果见表 3-5。

表 3 - 5   自主研发与并购转化的交互作用

变量	LP	LP	LP	LP
研发强度 RDI	- 0.050 * (- 1.903)	- 0.037 (- 1.449)	- 0.048 * (- 1.827)	- 0.040 (- 1.553)
研发人员 HRD	0.013 * (1.689)	—	0.014 * (1.733)	—
专利产出 PAT	0.058 (0.698)	—	—	0.066 (0.797)
创新转化 DIA	0.056 * (1.691)	0.055 (1.644)	0.054 (1.639)	0.057 * (1.705)
RDI·DIA	0.011 ** (2.148)	0.011 ** (2.310)	0.011 ** (2.131)	0.012 ** (2.325)
控制变量	控制	控制	控制	控制
样本量	1799	1799	1799	1799
R^2	0.024	0.022	0.024	0.023

资料来源：Stata 统计输出。

在引入自主研发强度和创新转化的交乘项后，专利产出因素对并购约价的影响作用仍然不显著。研发强度对并购的约价反而起到明显削弱作用，并具有显著统计意义，说明主并购方因为并购资金需求，抵减了研发资金的投入强度。因此，自主研发资金投入会在技术并购或者其他类型的并购中被稀释，从而对并购决策具有一定程度的弱化作用。

技术人才比例对技术并购仍然具有重大影响。随着通过并购获得新的技术人才，各类技术人才之间的交流和知识共享与转化作用加强，对并购决策具有一定的助力作用。交乘项 RDI·DIA 为研发支出占销售收入比例×无形资产占比，该交乘项对并购要约的约价始终存在正向作用。说明在考虑人才和资金要素的同时，创新转化作用始终是技术并购抉择的重要推动力。

企业资产规模和成长能力等变量的显著性水平说明模型的整体拟合度较好。现金水平对做出并购决策的影响并不显著，现金比率在并购筹资中毕竟占小部分。企业资产规模大小对于并购决策具有显著的负向影响，即资产规模越小的上市公司越倾向于发起并购重组。上市公司的资产负债率对并购决策均没有显著影响。第一大股东持股比例回归系数为负数，说明股权集中不利于并购。毕竟并购对企业而言是非常重大的事件，涉及所有股东的利益，同时并购筹资中利益相关者诸多，也会摊薄第一大股东的决策结果。

3. 并购的技术创新能力转化

通过我国 A 股市场数据分析并购对企业技术创新产出的影响，五年间专利申请数变化（2012～2016 年均未参与并购和 2014 年做出并购决策公司）如图 3－1 所示。

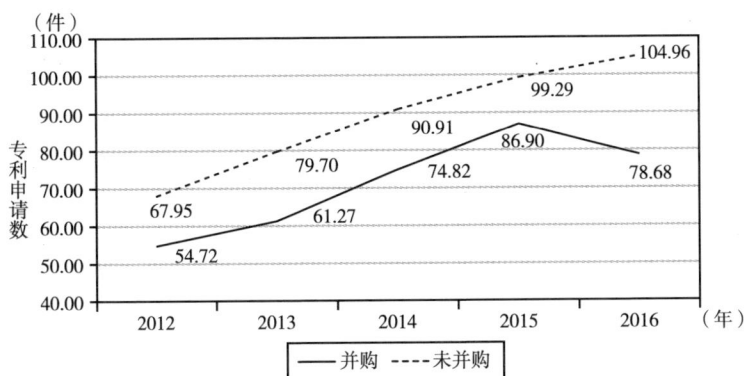

（件）

专利申请数

110.00
100.00　　　　　　　　　　　　　　　　　104.96
90.00　　　　　　　　　　　　99.29
80.00　　　　　　90.91　　　86.90
70.00　67.95　　79.70　　74.82　　78.68
60.00　　　61.27
54.72
50.00
40.00
2012　　2013　　2014　　2015　　2016　（年）

—— 并购　　---- 未并购

图 3－1　2012～2016 年参与并购及未参与并购公司的专利申请数

资料来源：WIND 数据统计输出。

未参与并购的企业在这五年间的专利申请数均明显高于发生并购的企业；未参与并购的企业在并购前两年平均专利申请数的增量为 23，发生并购的企业增量为 20，说明发生并购的企业创新产出水平在并购前两年增长速度在放缓。而未发生并购的企业专利增长速度较稳定；未发生并购的企业在并购后第一年平均专利申请数的增量为 8，同比增长率为 9.22%，发生并购的企业这一数值分别为 12 和 16.15%；并购后第二年，发生并购的企业专利申请数有所下降，可能是样本数据中发生并购的公司数明显多于未发生并购的公司数，并且行业间专利申请数差异较大而取均值所致。企业的并购决策在一定程度上促进了技术创新水平的提升。从经济意义来说，当企业在技术创新能力还较为薄弱时，因自主研发周期长、风险大，为了快速成长，企业可能采用并购重组的方式，以缩短技术创新的周期，降低创新失败的风险。这也是技术并购的主要动因和技术并购决策的主要着眼点。随着自身创新成果的积累，形成了一定的技术创新资源禀赋之后，企业可能更多地考虑如何将自身的技术创新成果加以运用和变现，为企业创造更多价值，为股东创造更多财富，比如从自身挖掘，设立更多子公司，延伸产业链，而不愿意再去承担并购重组后的整合风险，甚至可能与具有其他优势的企业强强联合寻求被收购（洪亮，2018）。

创新转化能力的变化如图 3 - 2 所示。并购发起方在并购后的两年内无形资产比率增长 0.1% 左右，而该期间从未发生并购的上市公司该比率上升了 0.2%。说明在并购后企业的创新转化能力与未并购的企业相比始终存在差距。

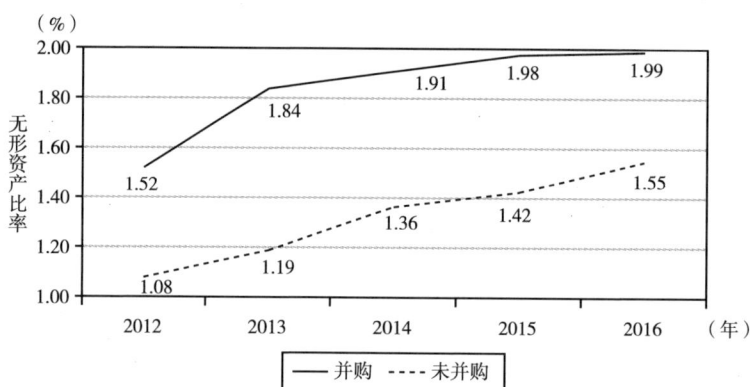

图 3 - 2　2012 ~ 2016 年发生并购企业及未发生并购企业的无形资产比率
资料来源：WIND 数据统计输出。

4. 收益导向和创新转化的并购抉择

为检验创新要素对并购决策及约价的影响，引入企业收益因素和成长因素作为控制变量，总体回归结果见表 3 - 6。

表 3 - 6　　　　　　　　并购抉择基于创新还是收益激励

变量	符号	bid 决策 Prob 回归	LP 约价多元回归
研发强度	RDI	- 0.005 (- 0.788)	- 0.030 (- 1.256)
技术人员占比	HRD	0.002 (1.132)	0.009 (1.118)
专利申请数	Lpat	0.022 (1.052)	0.041 (0.501)

续表

变量	符号	bid 决策 Prob 回归	LP 约价多元回归
无形资产比率	DIA	0.026 *** (3.004)	0.077 ** (2.520)
控制变量	收益和成长变量	控制	控制
样本量	—	1799	1799
R^2	—	—	0.037

资料来源：Stata 统计输出。

从表 3-6 可以看出，研发强度、人力投入和专利申请数在统计意义上仍不显著，这意味着创新投入和创新产出能力对于企业并购决策不产生显著影响。创新转化能力 DIA 仍然显著，而以无形资产比率 DIA 衡量的创新转化能力的系数大于 0，且在 1% 和 5% 的显著性水平下显著，说明技术创新转化能力与企业并购决策倾向显著的稳定关系，这与前面的结果基本一致。

加入收益和成长因子后，表 3-6 中无论并购交易对价 LP 还是使用 bid 作为因变量，结论基本一致。以研发投入、技术人员占比和专利申请数分别衡量的创新投入和创新产出能力不显著影响并购交易的决策和约价。说明中国样本中更多的并购是基于收益成长要素。可见收益和成长显著影响并购交易的决策和约价，然后才是技术创新为主的并购。无形资产比率显著影响交易对价关系，即并购方技术创新转化能力越强，则并购交易对价越高。

企业在并购决策过程中，率先需要考虑的是并购与否的确定，其次才是交易价格谈判、交易时机的把控等问题，并且在做出并购决策时和交易价格谈判时，基于信息获取程度的不同、并购方和被并购方谈判能力差异等因素，两件事项的影响因素具有较大差异，因此在回归结果上存在部分系数符号和显著性的差异（洪亮，2018）。通过对比 bid 和 LP 的回归系数，发现并购方的技术创新转化能力越强，达成技术并购的可能性越高，而且并购谈判过程中的话语权可能越大，因此交易对价相对越高。同时 LP 中的系数显著大于 bid 的系数，说明并购中决策明显比价格谈判更容易，而技术并购的约价中，收益成长因子显著比技术研发和专利的吸引力强，说明 A 股上市公司在并购中，首先是以生存和获利为主要目的，相对于生存与收益，长期的创新转化能力对并购抉择的影响作用反而较小。

总之，上市公司在并购活动中，公司在资本市场上的收益和成长性因素对并购决策具有正向作用，相对于技术并购，资本实力比技术实力更具并购的竞争力。当并购方的股票在资本市场表现良好时，借助创新转化能力，可以提升并购的议价能力，创造更高的价值。

3.1.4 小结

对企业技术创新而言，内源式创新和研发的内部支出作用，相对于外源式创新和研发外部支出，对企业的技术创新的作用更明显。企业技术创新具有一定的内部研发激励的主导效能，但是也不否认外源式创新在技术创新中的作用，尤其是在技术人才占比较高时，及时引入外部技术并购、获取外部技术资源，对企业的创新能力具有更大的比较优势。另外，当企业具有较高的创新转化能力，无形资产占比较高时，达成技术并购的可能性更高。

从并购抉择和创新要素的相互影响的整体过程看，技术创新投入和技术创新产出对企业做出并购决策与否作用不同，单纯依托研发强度和自身专利的并购企图，对技术并购的吸引力不大，从技术资源方面否决了技术并购的可能性。而技术创新转化能力尤其是以无形资产所占比例对企业做出并购决策具有显著影响，并且这种影响在并购的整个周期中具有一定的选择比例。另外，相较于未并购公司，有并购行为的上市公司在之后专利申请变化比例更高。在一定程度上说明技术并购的显著协同作用。

与收益和成长因子相比，创新转化能力依然影响显著，说明并购受技术转换能力的影响，因此并购在很大程度上具有技术并购的性质，即使引入利益因素和成长因子，在对并购抉择中，创新转化能力始终是技术并购的主要影响资源和显著要素。技术人才比例较高时，对技术并购的积极性更高。

创新转化能力与并购呈现的倒"U"形关系表明，当企业的创新转化能力较弱时，更倾向于技术并购，直接获取外部技术资源，采用并购等外源式发展手段；而当企业技术创新转化能力较强时，内源式的发展可能是更好的选择，内生发展可以更大程度地调动研发人员积极性和忠诚度，并能规避并购整合不力的风险。

技术并购中还有许多其他因素对创新产生影响，如无形资产的创新转化能力、技术人员的知识学习能力等。技术创新投入中，技术人才是创新发展的源泉，是外部技术的获取或者技术并购的进一步发挥协同效应的基础。技术并购创新依赖于内部研发投入的沉淀和积累，尤其是高端制造业、科技业等技术附加价值高的行业，在充分发挥技术人才潜力的基础上，应逐步加大研发投入，强化研发意识，在保证企业的适量自主研发和技术创新能力的同时，适时考虑通过技术并购、合作研发、创新联盟、产学研一体化等方式逐步获取外部的技术资源和要素，并创造更多的创新协同机会。

专利申请数是衡量企业技术创新产出的指标，根据实证结果，企业在做出并购决策时，并不以自身的专利申请数量为驱动力。中国的并购方以研发人员和转化能力为主导，专利的吸引作用和研发强度对并购决策的作用不显著。这与在我国专利申请的不确定性和成本有关。只有当专利的潜在价值大于当前申请成本时，企业才会向专利局提出申请，然而从专利的申请到专利的授权过程复杂，持续时间长，不确定因素多，因此企业某时刻的在审专利数可能无法体现技术创新的综合实力（洪亮，2018）。从企业长期创新发展角度看，专利的申请和授权本身是对企业知识产权的保护，是对技术人员工作成果的肯定，是自主创新成果转化的关键一步，因此企业需要重视专利申请。

在技术并购中，以研发投入强度衡量的创新投入能力代表企业的历史成本，是创新投入的一部分，因而显著性不是很高。虽然实证研究显示技术创新投入对企业并购决策没有显著影响，或在并购影响中起到一定的削弱作用。从研发投入、专利产出、新产品生产到实现商业化价值的过程中，有诸多不确定性因素和风险，因此有必要从不同的自主研发视角研究研发决策的风险特征。

3.2

自主研发与风险特性

任正非在《以创新为核心竞争力为祖国百年科技振兴而奋斗》讲话中提

道：华为现在的水平尚停留在工程数学、物理算法等工程科学的创新，尚未真正进入基础理论研究。随着逐步逼近香农定理、摩尔定律的极限，而世界面对大信息流量、低时延的理论还未创造出来，华为已感到前途茫茫，找不到方向。华为已前进在迷航中。重大创新是无人区的生存法则，没有理论突破，没有技术突破，没有大量的技术积累，是不可能产生爆发性创新的。

公司的自主研发是提升技术创新能力的重要组成部分，而不同的创新本身就伴随着各种风险（Merton，2013）。在自主创新中，从初期研发投入、科研人员、专用设备到后期的商业化等，均具有不确定性和风险。自主研发投入可能提升创新能力，也不可避免地会引起资金压力、带来财务风险（郝清民，2020）。因此，研究自主研发投入伴生的企业长期风险，对公司进行创新投资决策具有一定参考价值，可为管理者自主研发活动提供决策依据，对创新政策制定者亦有借鉴意义。

自主研发的相关理论研究认为，自主研发的资金投入是风险较高的投资行为，具有发展动机、逐利动机和节税动机（钟田丽等，2014）。从发展动机来看，基于经济学的技术创新带来的价值增值视角，自主研发能提高企业技术创新水平从而抑制企业的风险（Koren，2007）。尤其是创新投入带来未来竞争力提升，降低了企业的财务风险。从创新投入的机会成本和决策视角，自主研发的资金投入的可能损失、资金占用和投资机会丧失会增加财务风险（Cimini et al.，2014）。研发投入会占用资源，带来诸多的不确定性，不可避免地带来相应的资金压力。未来的高风险意味着产品的高收益，从逐利动机看，创新研发的高风险与预期的高收益具有一定联系。由于政府对企业技术创新的鼓励和激励政策，带来自主研发资金的部分节税效应，从而在一定意义上降低了企业的风险。总体来看，研发投入与财务风险的关系研究尚无定论。

国外资料显示，美日公司的研发强度普遍在 10% ~ 12%。欧盟统计标准认定 5% 以上属高研发强度，2% 以下属中低强度。由于科技公司认定与税收优惠等原因，中国很多高新技术企业的研发强度多围绕 3% 的阈值变化（杨记军等，2018）。2019 年华为将营业收入的 15.3% 作为研发投入。这些研究和数据为管理者的自主研发投入决策带来部分疑惑，到底多大的自主研发投入强度比较合适，不至于显著增加公司的财务风险？而且实践中公司普遍存在融资约束情况（Hao and Li，2016；王宛秋等，2017）。在公司存在融资约束的背景下，研发投入对企业财务风险的复杂影响是需重点关注的问题。

3.2.1　自主研发及其风险

1. 自主研发的短期风险增加

内生增长的创新理论揭示渐进性创新和突破式创新均会影响公司绩效，尤其是研发活动带来的突破式创新不免会引发绩效波动，诱发潜在风险（Comin et al.，2005；Sorescu et al.，2008）。研发活动会引起更高概率的盈余管理风险，导致公司总体风险水平提高（Cimini et al.，2014）。研发投入的专用资产较多，企业必须付出较高利息成本以补偿债权人增加的风险（钟田丽等，2014）。研究探索的失败以及研发损失会增加公司的财务风险水平。

2. 自主研发的长期风险抵减

企业系统风险分解理论显示，企业研发投资与系统风险显著负相关。研发投入的风险随研发项目接近结束而降至更低（Berk et al.，2004）。动态内生技术进步模型显示，研发显著降低公司的产出波动（Koren et al.，2013）。多数创新投入的绩效研究显示，研发投入带来绩效提升，从一个侧面揭示相应风险降低，即研发投入与财务风险具有反向变动关系。

3. 研发创新的风险复杂变化

企业在研发投资决策和融资方面存在着诸多不确定性。创新活动不可避免会增加各运营指标的波动，带来财务风险的变化（Maliranta et al.，2014）。当前中国企业的研发强度普遍低于最佳水平，主要是决策者担忧研发投入增加财务风险。研发活动早期的风险溢价接近上限，晚期的风险溢价会降低，研发与风险之间呈现非线性的复杂关系（Berk et al.，2004）。在高风险中小企业中，增大研发投入后财务风险随之增加；低风险中小企业增大研发投入后财务风险降低。研发投入强度与企业风险呈现"U"形关系（张敏，2017）。

企业研发资金既来自公司内部盈余，又有外部融资。多数中国企业存在融资约束问题，由于中小企业风险更高，会使得中小企业相对于大企业具有更高融资约束，而这也就更可能影响企业研发投入强度。受到融资约束的企业无论竞争程度高低均会减少企业研发活动的概率以及支出（周开国等，2017）。高融资约束对收购方企业在技术并购后的研发投入力度方面影响会更大（王宛秋等，2017）。研发投入的增加可能会进一步增加融资约束大的企业的经营风险（Berk，2004）。

3.2.2　研发与风险指标数据

本章研究样本主要来自中国 A 股市场制造业上市公司的 1945 个样本，数据主要来源于 CSMAR 数据库和 RESSET 数据库，对于部分缺失的指标，用证监会公布的公司年报数据补充完善。

样本筛选原则。主要集中在以下几个制造业：医药业，化学纤维业，专用设备，汽车，通用设备，铁路、船舶、航空航天和其他运输设备，计算机、通信和其他电子设备，仪器仪表，电气机械和器材。剔除以下样本：数据不完整且无法从其他渠道补充；经营异常和特别处理公司；前后年份数据无故变动异常大样本；指标不合理（如部分数据为零或超常规等）的公司；财务报告审计意见非标准样本等。为了获取主要的统计特征，将指标进行截尾处理，如研发强度区间［0.02%，50%］，并结合上市公告和公司实际进行鉴别分析与筛选。

为避免多元回归中共线性和内生性问题，使用 Stata 软件进行面板回归，设计不同组别检验企业类型在研发投入对企业财务风险的影响。引入融资约束交叉影响，对面板数据的非线性影响进行检验。最后结合豪斯曼（Hausman）检验和稳定性检验进行分析。

因变量选择。（1）企业短期财务风险 ZM。主要借鉴阿特曼（Altman）的 Z 模型。考虑中国上市公司增资扩股的随意性，原 Z 模型中部分指标不太适合中国公司，故用 ZM 对 Z 指数修正。算式为 $ZM = 1.2X_1 + 1.4X_2 + 3.3X_3 + 0.6X_4 + 0.99X_5$，当 $X_4 =$ 普通股和优先股市值/负债账面值 > 5 时，X_4 系数取 0.1。ZM 指数为逆向指标。数值越大，财务风险越小。（2）企业绩效波动率 Risk。用近三年营业净利润率的标准差系数反映企业在成长过程中的收益不确定性（钟田丽等，2016）。Risk 指标与 ZM 指标呈反向关系。

自变量选择。（1）研发强度指标 RDI，采用研发经费投入与企业当期营业收入比值来表示研发强度（Choi et al.，2016），衡量研发投入作为研发成本核算时相对于销售收入的影响程度。（2）研发密度指标 RDA，采用研发经费投入与企业当期资产比值，衡量研发作为一项专有资产时的影响。（3）研发绝对值指标 RDL 可以采用研发经费投入取对数，探索研发总额的影响关系。

融资约束指标 FC，不同于单个财务指标的融资约束代理变量，多变量指标（WW 指数、KZ 指数和 SA 指数）更具备一定可行性和准确度（Hao and Li，2016）。此处参考况学文等（2010）中国上市公司融资约束公式。

$$FC = -3.784 + 8.995LEV - 3.124NWC - 3.852ROE + 1.992MTB - 0.149DIV$$

FC 指数值越大，说明企业受融资约束程度越高。因此，本书采用 FC 指标衡量融资约束情况。

控制变量。一般有资产总额、员工人数、营业额、销售收入等不同指标。本书中选择规模 $SALE_{it-1}$ 和 $SIZE_{it-1}$ 为控制变量。SALE 采用上一年主营业务收入对数值表示，SIZE 采用上一年资产对数值表示。当计算 RDI 的作用时结合 SALE 规模，当计算 RDA 时选择 SIZE 指标。股权集中度 $OC5_{it}$ 采用企业前五大股东持股比例来评测，且其在研发投入与风险中有显著影响。在研发决策中，以股权集中度表示的股权结构不可避免地影响创新投资（John，2008）。财务杠杆对创新路径具有显著影响（Choi et al.，2016）。因此，参照其他学者经验，资产负债率 LEV_{it} 用期末负债总额除以资产总额数值表示；反映外部负债在总资产中的规模。

由于 ZM 指数和 FC 指数是复合指标，来自诸多指标的综合。因此不适用增加太多的控制变量，比如 ROE 收益指标等，以免带来多重共线性影响回归的结果。变量定义汇总如表 3 - 7 所示。

表 3 - 7　　　　　　　　　　　变量定义与说明

类型	变量	变量符号	变量定义	参考来源
因变量	财务风险	ZM_{it}	改进 Altman 的 Z 指数公式	Altman Z-score
		$Risk_{it}$	营业净利润率三年标准差	钟田丽，2014

续表

类型	变量	变量符号	变量定义	参考来源
自变量	研发强度	RDI_{it}	研发费用/营业总收入	杨记军等，2018
	研发密度	RDA_{it}	研发费用/当前资产	Choi et al.，2016
	研发投入	RDL_{it}	研发费用取对数	—
	融资约束	FC_{it}	参考 LFC 指数综合指标	况学文等，2010
控制变量	收入规模	$SALE_{it-1}$	上一期主营收入对数值	—
	资产规模	$SIZE_{it-1}$	上一期资产的对数值	—
	股权集中度	$OC5_{it}$	前五大股东持股比例和	John，2008
	财务杠杆	LEV_{it}	负债总额与资产总额之比	Choi et al.，2016
	企业性质	CHK	国有企业1，民营2	—
	市场差异	MRK	上交所6，深交所1，创业板3	—

资料来源：郝清民. 融资约束下的研发与长期财务风险 [J]. 科研管理，2020，41（10）：54 – 62.

3.2.3　融资约束下的自主研发风险

为了突出研究的主题和主要结论，在此将描述性统计和相关分析，以及面板数据的处理过程和相应豪斯曼检验等过程一并省略。以后各节中涉及的此类运算过程也省略。如果有需要的读者可以和作者联系，可以将书中所列变量列表和相关数据的处理过程等省略的部分资料免费提供。主要的回归结果以及分析如下。

1. 无融资约束情况

首先，在无融资约束的限制下，回归估计结果见表 3 – 8。表中的左半部分为各研发指标对财务风险的线性影响。右半部分为非线性关系，引入了二次项回归。豪斯曼检验结果选择面板数据固定效应模型。为简单化，只列举部分主要研究结果。

表 3 – 8　　　　　**无融资约束下的研发对财务风险影响**

变量	ZM	ZM	ZM	ZM	ZM	ZM
RDI	20.13 * （1.75）	—	—	30.72 （1.43）	—	—

续表

变量	ZM	ZM	ZM	ZM	ZM	ZM
RDA	—	40.29 * (1.77)	—	—	187.80 *** (2.89)	—
RDL	—	—	1.19 * (1.88)	—	—	14.77 ** (2.03)
RDI2	—	—	—	−35.24 (−0.58)	—	—
RDA2	—	—	—	—	−1630.2 ** (−2.54)	—
RDL2	—	—	—	—	—	−38.08 * (−1.87)
控制变量	控制	控制	控制	控制	控制	控制
R^2	0.11	0.1	0.11	0.11	0.11	0.11
F 检验	5.63	5.65	5.67	5.62	5.68	5.61

资料来源：改编自郝清民. 融资约束下的研发与长期财务风险 [J]. 科研管理, 2020, 41 (10): 54 - 62.

首先, 从控制项变量系数看, 规模变量 SALE 或 SIZE 越大, 公司 ZM 指数越大, 对应的长期风险越低; OC5 控制权越集中, ZM 越小, 对应风险越大; LEV 资产负债率越大, ZM 越小, 风险越高。回归常数项不显著。各个控制项结果符合公司常理。

其次, RDI、RDA 和 RDL 的影响系数大于零, 表明企业研发强度、研发密度以及研发投入的增加会显著降低企业财务风险。反映在没有融资约束的情况下, 研发密度、研发强度和投入总量增加, 会降低长期财务风险。因此, 多数企业基于研发投入价值理论和竞争力提升, 会适当增加研发投入。

最后, 研发密度和研发投入的一次项系数 >0, 二次项系数 <0, 在10%概率水平下统计显著, 说明公司研发与 ZM 指数存在倒 "U" 形关系, 即与长期财务风险具有 "U" 形关系。进一步计算得到研发密度拐点约为 5.75%。因此, 本书认为研发投入 RDL 和研发密度 RDA 在部分样本可行区间内对公司 ZM 指数影响为近似正向影响, 与风险为负向关系。超过 5.75% 的拐点后, 与风险的关系变为正向。类似 "U" 形关系。企业研发对 ZM 指数非线性影响较为显著。

总之，在不考虑融资约束情况下，对多数公司而言，提高研发投入、增加研发密度和强度，会显著降低公司长期财务风险。二者为近似负向关系。当研发密度超过 5.75% 时，才会提升财务风险水平，验证了"U"形关系。

2. 融资约束对研发与风险关系的影响

在考虑融资约束的情况下，回归验证融资约束交叉影响下的线性关系和非线性，结果见表 3 - 9。为简约起见，用 RD&2 和 RD2FC2 分别代表各模型指标的二次项和融资约束交叉影响下的二次项。

表 3 - 9　　　　　　　　　融资约束对研发与财务风险影响

变量	ZM	ZM	ZM	ZM	ZM	ZM
RDI	− 29. 54 ** （− 2. 55）	− 99. 78 *** （− 4. 54）	—	—	—	—
RDIFC	16. 40 *** （12. 49）	25. 48 *** （13. 92）	—	—	—	—
RDA	—	—	− 121. 97 *** （− 4）	− 40. 42 （− 0. 65）	—	—
RDAFC	—	—	42. 71 *** （13. 09）	63. 14 *** （13. 48）	—	—
RDL	—	—	—	—	0. 02 （0. 04）	10. 22 （1. 57）
RDLFC	—	—	—	—	0. 10 *** （17. 07）	0. 14 *** （16. 03）
RD&2	—	244. 72 *** （4. 02）	—	− 966. 66 （− 1. 59）	—	− 28. 75 （− 1. 58）
RD2FC2	—	− 5. 67 *** （− 6. 75）	—	− 36. 28 *** （− 5. 97）	—	− 2. 39 *** （− 5. 86）
控制变量	控制	控制	控制	控制	控制	控制
R^2	0. 2	0. 23	0. 21	0. 24	0. 27	0. 29
F 检验	5. 27	5. 17	5. 23	5. 21	5. 19	5. 18

资料来源：改编自郝清民. 融资约束下的研发与长期财务风险 [J]. 科研管理，2020，41（10）：54 - 62.

被解释变量 ZM 为逆向指标，系数越小说明财务风险越大。回归资料显示，研发系数 <0，融资约束的交叉系数 >0，研发系数 > 约束交叉系数，且在 1% 概率水平下显著。说明在融资约束固定的情况下，研发投入的增加会降低 ZM，从而提高财务风险。

公司研发投入强度和研发密度与企业融资约束的乘积交叉项二次项系数 >0，且在 1% 概率水平下显著。说明在融资约束下，企业研发投入、研发强度、研发密度的增大会显著降低 ZM 值，即增加企业长期财务风险。二者呈现非线性的 "U" 形关系，说明研发指标具有一定的优化区间，在此区间内相对应的财务风险指标相对较低。

总之，在融资约束一定的情况下，研发费用的增加会提高长期财务风险，在达到一定值域后，风险才会显著随之逐步下降。但是多数公司存在融资约束的限制，在研发投入增加风险的假设下，会失去对研发带来未来收益的预期。除非有研发的税收优惠和支持政策，否则多数公司不具有增加研发的动力。因此这也是很多国家和地区纷纷出台创新激励政策的基础。尤其是发展中国家，为了鼓励企业的自主研发，出台了一系列的创新激励政策，从融资资金优惠、贷款利率优惠、企业所得税优惠等方面，鼓励企业积极创新投入。从对企业的鼓励到对科技人才和科技管理人员的股权激励和分红激励，都是在一定程度上降低企业的风险预期，从而鼓励创新。

为了进一步研究企业之间的特性差异是否会影响主要结果，此处引进企业性质和规模差异变量。为探索融资约束对上述非线性关系的影响，引入交叉项，同时加入平方项。同样为保持与前面研究的持续性，继续以 ZM 为被解释变量，结果见表 3 - 10。

表 3 - 10   企业特性与研发风险

ZM	民营企业	国有企业	小微企业	大型企业
RDI	-94.64 *** (-3.23)	-87.86 *** (-4.70)	-134.62 *** (-2.68)	-51.92 *** (-2.74)
RDIFC	26.07 *** (11.56)	16.28 *** (5.84)	28.79 *** (8.46)	15.07 *** (8.31)
RDI2	209.46 ** (2.51)	237.22 *** (4.76)	261.08 ** (2.00)	344.86 ** (2.48)

续表

ZM	民营企业	国有企业	小微企业	大型企业
RDI2FC2	−5.77*** (−5.82)	6.49* (1.84)	−6.11*** (−4.35)	−0.15 (−0.07)
控制变量	控制	控制	控制	控制
N	1404	541	628	702
R^2	0.23	0.38	0.28	0.45
ID	480	181	258	273

资料来源：改编自郝清民. 融资约束下的研发与长期财务风险 [J]. 科研管理，2020，41（10）：54–62.

可见，国有企业和大型企业受融资约束的作用偏小。而民营企业和小微企业受 FC 影响更大。研发强度系数都统计显著，表明研发强度上升会增加财务风险，尤其在民营企业中具有统计显著性。民营企业是目前我国制造业的主力军，受显著融资约束影响限制，其研发投入强度带来的财务风险变化不可忽视。

不同规模企业的研发投入强度对企业财务风险的影响程度存在差异，这和前面的结论一致。观察交叉项系数，小规模企业样本系数在 10% 概率水平下统计显著。ZM 越小，财务风险越大，说明更强的企业融资约束加剧了不同规模企业研发投入强度对财务风险的正向作用。与我国企业管理实践比较吻合。

因此，在国家鼓励公司创新的相应政策中，在创新投入相应财税鼓励政策中，分企业性质、分规模区别对待更为合理与接近实际。

以研发密度为横轴，取 RD 区间为 [0.002，0.1]；以财务风险为纵轴（因 ZM 数值越大财务风险越小，因此以 −ZM 为纵轴），绘制研发密度与财务风险关系，见图 3−3。

从图 3−3 中的虚线部分可见，在研发合理区间内，在没有融资约束的情况下，研发的提高会降低长期公司风险，因此会激励多数企业加大研发投入，当研发密度超过 5.75% 以后，才会引起长期财务风险上升。二者总体呈现"U"形关系。

在融资约束情况下，见图 3−3 实点线部分，在研发为 3% 左右区间，研

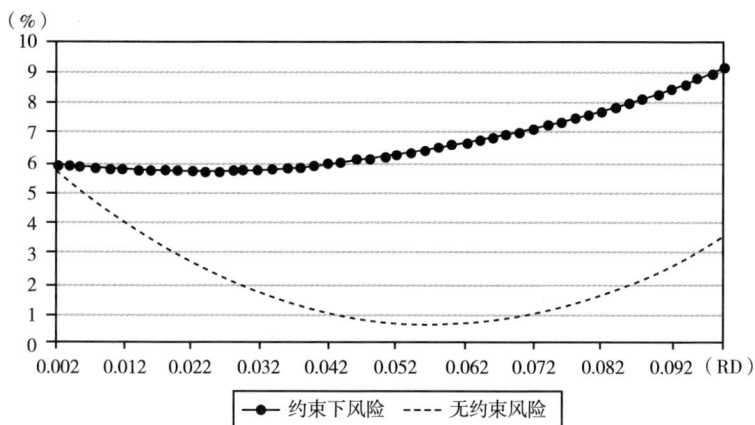

图 3 - 3 融资约束下的研发与财务风险

资料来源：改编自郝清民. 融资约束下的研发与长期财务风险［J］. 科研管理，2020，41（10）：54 - 62.

发带来的长期风险增加有限。这与我国高新企业的认定和税收优惠有很大关系。在研发投入大于3%以后，研发引发的财务风险会缓慢上升，呈现扁平 J 形关系特征。说明研发带来的风险随着研发强度的增加而缓缓提高。本书亦引入三次项非线性检验，虽然在统计意义上显著，但是对应的研发区间超常规，对应样本量很少，故选择二次项较切合实际。根据上述数据分析，从另一个侧面反映出融资约束加剧了研发伴生的财务风险。

3.2.4　自主研发风险多视角检验

为了验证上述研发风险结论的稳定性，防止内生性问题，多采用替代变量法、转化研究方法、采用其他数据等来进行检验。这里尝试用不同方法和数据来验证。

1. 替换为创业板 2012～2014 数据与创新变量的研发风险

选取创业板上市公司 2012～2014 年的数据，剔除金融行业和空白数据，最后得到 106 家创业板公司数据。数据来源 RESSET 数据库、国泰安数据库。这里的创新成果计算方法见式（3 - 1）：

$$\ln(GPM_{it}/\bar{G}_t) = \hat{\alpha} + \beta_1\ln(K_{it}/\bar{K}_t) + \beta_2\ln(L_{it}/\bar{L}_t) + e_{it} \quad (3-1)$$

式（3-1）中，GPM_{it} 是 t 时点 i 企业毛利率，K_{it} 和 L_{it} 表示资产合计和员工总数，$\hat{\alpha} + e_{it}$ 是除总资产和劳动力外所有因素对 GPM 影响。把 $\hat{\alpha} + e_{it}$ 当成企业创新绩效。遵循财务指标的公式，财务杠杆系数 = EBIT/（EBIT-I），经营杠杆系数 =（销售收入-变动成本）/息税前利润。其他变量同前。重新验证创新投入与风险的相互关系，在同时考虑到企业规模和资本结构等控制变量的基础上，建立创新投入与风险指标模型，以研发支出、研发投入、创新成果为自变量进行回归，然后在模型中加入研发投入的平方项指标，来度量"研发投入过度"时期的风险变化。被解释变量选择不同的财务风险指标，从各种杠杆系数数据和 Z 值入手。得出的回归结果见表 3-11。

表 3-11 模型回归结果

变量	财务杠杆系数		经营杠杆系数		资产负债率		Z-score	
研发支出	0.021 (0.08)	0.41 *** (4.05)	0.12 *** (3.55)	0.14 *** (4.64)	0.02 (0.08)	0.03 (0.12)	0.24 (-1.15)	-0.25 (-1.17)
研发强度	-0.09 (-0.93)	9.15 ** (2.01)	7.64 *** (5.51)	11.68 *** (8.76)	-0.09 (-0.93)	-0.13 (-1.11)	1.19 (-1.45)	-1.41 (-1.49)
创新成果	0.030 (1.342)	1.53 (1.40)	1.44 *** (4.84)	2.69 *** (8.42)	0.03 (1.34)	0.04 (1.44)	0.20 (-1.14)	-0.26 (-1.19)
研发过度	—	4.12 (0.61)	—	1.26 *** (6.37)	—	1.09 (0.62)	—	-6.64 (-0.47)
控制变量	控制	控制	控制	控制	控制	控制	控制	控制
R^2	0.92	0.18	0.28	0.49	0.18	0.92	0.22	0.22
F 值	233.26	3.76	7.93	2.38	4.46	193.27	5.78	4.82
DW	2.096	2.125	1.967	1.887	2.129	2.111	1.662	1.662

资料来源：Stata 统计输出。

根据创新投入与财务杠杆系数的回归分析结果，财务风险指标与研发支出、研发强度和创新成果正相关。已知财务风险指标越大，财务风险越大，所以财务风险与创新投入正相关。

在经营杠杆系数与创新投入指标的回归模型中，创新投入与经营杠杆系数正相关。在经营风险方面，研发支出和研发强度和创新成果都有一定显著影响。经营杠杆系数越大，经营风险越大。加入自变量创新投入过度指标后拟合程度增强，而自变量的系数正负性不变，表明因变量与自变量之间的关系没有变化。在引入创新投入过度指标后，"研发过度"的回归系数为正，显著性和拟合程度较好。说明创新投入的研发过度指标的增加会导致财务风险的增加。为研发强度存在一定的优化区间提供了另外一个佐证。

资产负债率与创新投入、资产负债率与研发支出和创新成果关系不显著。Z 值与创新投入指标之间均不存在统计意义上的显著相关。说明将来研究公司风险时，需要谨慎选择这些指标，至少需要进行一定的修改。创新投入过度对不同风险的影响是不同的，但是与风险之间的关系一般都是正相关。对 Z 值的影响不大，即对破产风险的影响不显著。但是会使财务风险与经营风险的回归模型更显著，拟合度更好。

总之，创新投入与财务风险正相关，创新投入的增加会导致企业财务风险与经营风险增加。研发过度也会使经营杠杆系数增加，相应的企业经营风险增大。

2. 创业板 2015～2017 年面板数据的研发短期财务风险

采用国泰安数据库创业板上市公司 2015～2017 年的面板数据为研究对象，剔除变量数据不全的公司，最终选择 2015 年的 506 家上市公司，2016 年的 625 家公司，2017 年的 700 家公司，最终有 1831 组数据。各变量定义见表 3－12，部分变量数据有为手工搜集整理。

表 3－12　　　　　　　　　　变量定义表

变量	变量名称	符号	变量定义
被解释变量	资产负债率	LEV	LEV = 负债总额/总资产
	流动资债率	LLEV	LLEV = 流动负债/总资产
解释变量	研发强度	RDI	RDI = R&D 支出/营业收入
	研发人员比	HRD	HRD = 研发人员/非研发人员
	创新资产	DIA	DIA = 无形资产/总资产
	产品差异化	Uniq	Uniq = （销售费用 + 管理费用）/营业收入
控制变量	成长性	grow	grow = （期末总资产 − 期初总资产）/期初总资产
	资产有形性	Tan	Tan = 固定资产/总资产
	盈利能力	CF	CF = 经营活动产生的现金流净额/总资产
	股权集中度	Top1	Top1 = 第一大股东持股比例

（1）创新投入的人力资源要素对负债比例系数均为负数，表明创新人力资源与资产负债率、流动资产负债率均呈负相关，研究人员所占比重越大，短期风险就越低。结果见表 3 - 13。

表 3 - 13　　　　　　　创新资源与 LEV 和 LLEV 的回归结果分析

变量	资产负债率	流动资债率	资产负债率	流动资债率
人员比	-0.119 **	—	-0.096 **	—	—	—	—	—
研发强度	—	—	—	—	-0.448 **	—	-0.414 **	—
创新转化	—	-0.317 **	—	-0.038 **	—	—	—	—
产品差异	—	—	—	—	—	-0.362 ***	—	-0.327 ***
成长性	0.048 **	0.014 ***	0.008 **	0.009 ***	0.010 ***	0.009 **	0.012 **	0.003
资产形性	0.029 **	0.054 ***	-0.027 **	0.003	-0.039	0.001	-0.046	-0.057 **
控制变量	控制	控制	控制	控制	控制	控制	控制	控制
F 值	11.913	9.249	9.670	5.903	17.304	55.377	15.262	56.658
R^2	0.029	0.02	0.023	0.013	0.0458	0.130	0.037	0.133

资料来源：Stata 统计输出。

（2）研发强度的资金投入对资产负债率的影响系数均为负数，表明创新资金投入与资产负债率、流动资产负债率均呈负相关，研发投入占营业收入比重越大，负债权益比就越低。盈利能力的系数均为负，成长能力的系数均为正并通过 t 检验；这总体上并不影响解释变量与被解释变量呈负相关关系。

（3）创新转化能力对资产负债率的影响系数均为负数，表明创新资产与资产负债率、流动资产负债率均呈负相关，创新资产占总资产比重越大，负债权益比就越低。总体来说，创新资产转化能力显著降低短期财务风险。

（4）创新投入的产品差异化对短期财务风险的负向作用。产品差异化与资产负债率、流动资产负债率均呈鱼相关，管理和销售费用占营业收入比重越大，负债权益比就越低。总体来说，产品差异化越大，代表产品创新性越高，营收越高，短期的财务风险就越低。

以 2015 ~ 2017 年创业板上市公司数据为样本进行的实证检验表明，创新人力资源、创新资产、创新设备以及产品差异化这四个指标具有专用程度高、收益不确定、信息不对称特征，有利于降低短期财务风险压力。

3.2.5　小结

来自中国 A 股制造业上市公司样本和创业板数据特征显示，自主研发对长期财务风险的影响具有以下特征：在不考虑融资约束的情况下，研发与财务风险呈"U"形关系，自主研发降低了财务风险。而融资约束会加剧自主研发对财务风险的影响程度。融资约束程度越强，会使企业的自主研发投入机会成本更高，反向加剧长期财务风险。而且民营企业和小微企业对二者关系的影响程度要大于国有企业、大型企业。从而出现自主研发与风险的扁平的 J 形关系，即近似线性关系。在创业板样本中，创新成果、研发强度、研发人员比、产品差异化、创新转化均显著降低短期财务风险。

对公司管理的现实启示：在存在融资约束的情况下，决策者可以参考公司的销售收入和资产状况，制定适合自己企业的研发强度或研发密度。本书经验证明，制造业的研发强度在 3% ~ 6% 比较合理，这个区间已经包含了国家税收优惠要求的研发强度比例，且在这个区间的研发强度不会显著提高财务风险。管理者在考虑不显著增加财务风险的情况下，适当提高自主研发比重，从而平衡研发投入带来的财务压力与创新能力提升的双重作用。政策制定者需要区别企业性质和规模，分别制定不同的激励研发投入的政策，确定税收对技术创新的优惠区间，而不是优惠的截止阀。同时也要考虑企业管理者对研发投资带来财务风险的顾虑。最后，也需要根据企业的发展阶段确定适宜的策略。

3.3
技术并购与创新效率

2010 年 3 月，浙江吉利控股集团与美国福特汽车公司签署最终股权收购协议，吉利以 18 亿美元收购价格获得福特旗下沃尔沃汽车公司 100% 股权以及包括知识产权在内相关资产。吉利希望借此次收购获得沃尔沃的先进技术、品牌影响力以及庞大销售渠道等；沃尔沃则希望借助吉利提高其中国市场占有率，进入政府公务车采购清单。由于双方在产品系列、品牌影响力、技术能力等方面存在差异，并购的协同效应实现需更多时间和后续的双方投入，双方的并购整合面临诸多挑战。

2017 年，吉利的汽车销量为 124.7 万辆，比 2016 年增加 63%。经历多轮并购后，吉利控股形成六大汽车品牌矩阵，覆盖中低端和豪华品牌，形成完整产品谱系。2018 年 2 月，浙江吉利控股集团通过一家投资基金购得 9.69% 戴姆勒股份，价值约 90 亿美元，成为戴姆勒集团最大股东。针对此次吉利入股戴姆勒原因，李书福认为："全球汽车行业面临巨大变革，有变革就有机会，机会巨大，挑战也是巨大的。如何抓住机遇？必须要协同发展，共同占领技术制高点，尤其是在数字技术、线上技术取得主动权。"戴姆勒是全球汽车领导者，在电动化、智能化、无人驾驶与共享出行等领域都是引领者，在新能源汽车时代，奔驰对电池、电机等技术都有着不错的研发。吉利希望与戴姆勒就共享电池技术达成协议。从战略协同的角度，戴姆勒与吉利、沃尔沃产生协同效应，并借此进入欧洲市场。

3.3.1 技术并购的创新实例

在吉利并购沃尔沃案例中，沃尔沃在全世界有超过 60 万汽车厂、3 家零部件制造商、1 家发动机厂商。吉利有 8 家整车制造厂、5 个零部件厂、2 个变速箱厂、4 个发动机厂、4 所大学和 1 个科学研究院。技术并购中的诸多因素中对企业自身自主研发产生不同的影响，突出表现在以下几个创新方面。

（1）知识产权和集成销售。并购完成后，吉利获得沃尔沃商标使用权和所有权，沃尔沃本身品牌形象为吉利升级品牌奠定基础，提升国内外声誉，使得吉利战略转型更有保障。并购增大了吉利的销售体系，有利于吉利汽车提升产品质量和走向国际市场。借助沃尔沃品牌全球供应商网络与大型国际供应商建立长期合作关系，吉利可以系统地优化零部件技术和采购，推动汽车零部件技术国际竞争力。实现技术并购后，吉利申请专利数量开始增长，2013 年远超国内竞争对手平均值，技术并购后研发能力促进自主创新能力提升。见图 3 - 4。

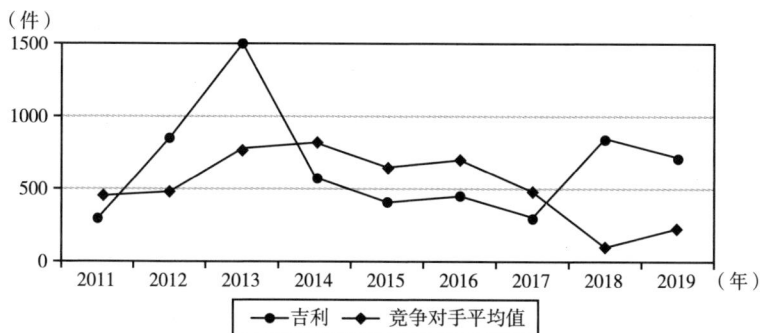

图 3 - 4 吉利与其竞争对手平均值的专利申请数

资料来源：根据公开数据整理。

（2）研发体系。2018 年吉利的研发投入超过 210 亿元人民币，占 2018 年集团销售总收入的比例为 6.4%。2011 ~ 2019 年，全集团的研发投入超 1000 亿元人民币，十年的研发强度平均在 5% ~ 7%。吉利建有全球五大工程研发中心和五大造型设计中心体系，共有 2 万名研发设计人员。技术研发成果显著，拥有大量发明创新专利，产品拥有完整知识产权，专利总数近 2 万件。吉利集团通过技术并购获得研发能力提升，技术并购后，吉利在 2011 ~ 2019 年，企业研发强度远远高于竞争对手。如图 3 - 5 所示。

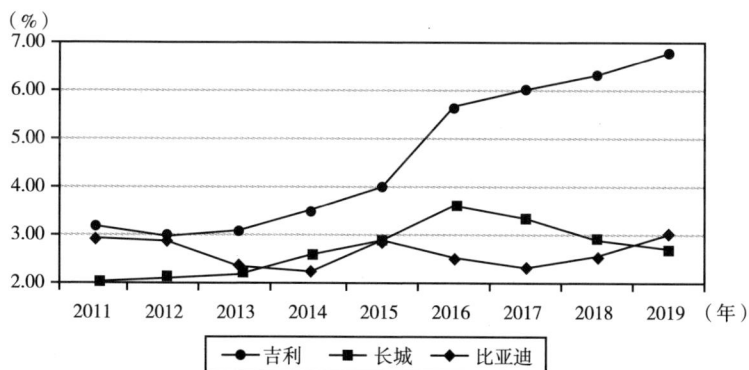

图 3 - 5 相关企业的研发强度

资料来源：根据公开数据整理。

并购后的吉利在技术领域内的技术创新见表3-14。

表3-14 吉利集团并购后在技术领域的主要创新活动

技术研究成果	创新内容	意义
EBMS技术	爆胎监测与安全控制系统	爆胎报警和瞬间制动被动安全技术
DSI 6AT技术	六速自动变速箱技术	自主知识产权6AT自动变速器
GTSM系统	GTS全方位安全管理技术	高标准安全技术开发
DCT动力总成	合研1.5T+DCT黄金动力总成	制造MHEV轻混,PHEV插混HEV产品

资料来源:根据公开数据整理。

2012年吉利与沃尔沃签署技术转让协议,联合开发小排量高性能绿色环保系列发动机和环保型小型汽车、插电式混合动力车、电动车等新能源汽车总成技术系统。2013年吉利在欧洲的研发中心CEVT开始运营并开发全新中级车基础模块架构、CMA架构和与其相关部件。2014年沃尔沃三家工厂(包括大庆、成都整车制造基地和张家口发动机制造基地)投产,中大型汽车研发平台SPA第一款量产车型沃尔沃XC90发布。2017年成立领克汽车合资公司及吉利-沃尔沃技术合资公司,通过相互授权实现整车架构技术、高效清洁动力总成等领域的前沿技术共享与零部件联合采购。2019年双方探讨合并旗下发动机业务的可能性,旨在建立全球领先的动力总成业务单元,研发生产动力总成及混合动力系统。

(3)人才队伍建设。吉利员工总数超12万,研发人员超两万人,海外研发人员5000多人,集合汽车创新领域多方面的专家,专业人才900余名,其中含2名工程院士、8名外国专家和博士数十名,高级工程师以及研究院级别高级工程师数百名。沃尔沃的技术研发团队有独立运营能力,并购后引进沃尔沃高技术创新人才,为吉利自主创新提供人力支撑。在自主创新方面,吉利从研发中学习,成立技术研发中心和研究院,在公司内成立创新小组,负责外部创新资源合作和交涉,确立合作模式和吉利集团如何引进开放式创新等各种创新活动,以及应对开放式创新的企业对策。

(4)车型和产品平台。经过技术并购后,吉利拥有沃尔沃的国际高端品牌及其汽车制造技术,整车和其零部件自主研发对汽车零部件生产能力、安全系数测定和自动变速器技术具有很大帮助。提升了汽车关键零部件和高价值零部件的制造能力和技术水平，增加了自主创新综合能力。经过技术并购，吉利与沃尔沃逐步创造协同效应。吉利引入沃尔沃丰富的汽车经验和技术知识，包括质量和安全体系、成熟汽车设计和开发数字平台、体系化的运作能力、核心部件技术的开放与制造。吉利提高了技术研发生产制造等自主创新方面能力，显著提升汽车车型研发能力。双方共同摊付研发成本并基于 CMA 平台拓展了更多衍生平台，自主研发出更多车型。通过技术并购，吉利拥有沃尔沃发动机技术和主要平台，如紧凑型轿车 P1 平台，用于生产沃尔沃 S40、V50、C70、C30 等；大中型汽车 P2 平台，用于生产 S60 和 XC90 等。对吉利企业提升自主创新奠定了更深层次的理论基础和技术经验。技术并购后，吉利自主开发完成三大整车架构 BMA、CMA 和 SPA，研发电动汽车专属架构 PMA，经过不断研发创新，提升了汽车的动力总成零部件的通用化率，使得公司实现动力技术由传统动力向总成电气化的转变迈出了一大步。

新推出车型代表车企技术能力和研发效果，从吉利与其竞争对手 2011 ~ 2019 年新推出车型数量看，吉利新推出车型逐年增加并超过竞争对手平均值。企业在并购后对于车型的研发能力提升，一定程度上可以体现出企业在技术并购后协同创新能力提升，见图 3 - 6。

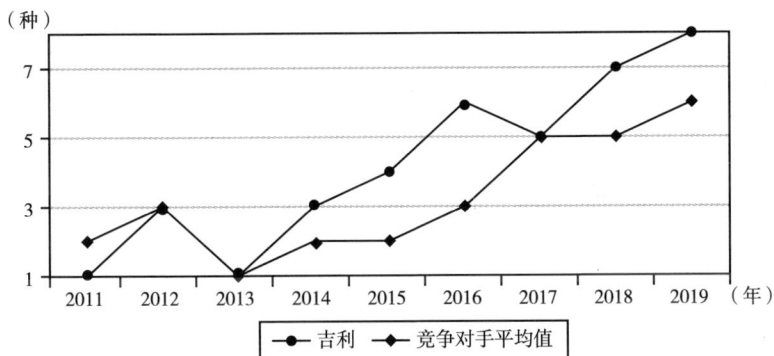

图 3 - 6　吉利与竞争对手近几年新推出车型数量

资料来源：根据公开数据整理。

3.3.2　兼并与收购的创新效率

技术兼并与收购是两种不同的行为，也存在不同的创新效率。技术的获得是企业进一步创新的保证，取得和掌握最新的技术主要通过以下四种手段：自主研发、互助研发、引入技术和技术并购。相较于自主研发所需要的时间长、投资需求量较大和限制因素，技术并购可以快速有效获取目标方技术，尤其隐形技术资源，提升企业的技术能力（郝清民、郝正阳，2015）。

本节从多个维度对发生并购活动的企业进行创新绩效评价。多维度创新绩效多采用 DEA 相关方法计算，在指标选取方面，国内外对于指标体系选取转向多因素、多指标的综合研究，按照 OECD 提出的技术创新概念及统计测量规范，科技投入—技术获取—成果转化—产出的系统测量方法，考虑数据可获取性，合理选取投入与产出指标。投入指标为企业技术员工数、开发支出和固定资产净额。产出指标为托宾 Q 值、专利数量、无形资产净额、市盈率、总资产周转率和资产总计。

数据资料来源于 CSMAR 并购与重组数据库。将并购重组类型为吸收合并的并购企业归为"兼并行为"，并购重组类型为资产收购的企业归为"收购行为"。由于数据库中进行兼并的企业要比收购的企业少得多，而且兼并后三年内有开发支出企业更少，综合后得到 30 个样本；进行收购活动而且在兼并后三年内有开发支出上市企业较多，为了与兼并比较，因此从工业行业、商业服务业、能源行业、医药行业、高新技术行业以及综合行业中按相同比例选取有代表性的上市企业也组成了一个包含 30 个企业的样本，对两组数据展开对比分析研究。主要利用网络进行企业专利数据的搜集：中国专利信息中心专利检索系统（http：//www. cnpat. com. cn）、中国专利信息网专利检索系统（http：//www. patent. com. cn）。

采用 DEAP2.1 软件将上述指标数值 DEA 进行初步测算，兼并与收购总体技术效率在 0.8 左右，而规模效率与纯技术效率接近于 0.9。效率比较分析采用 DEA-SOLVER Pro5 的超效率模型进行。依据分析结果数据，在超效率模型中，当效率数值小于 0.5 时为效率无效，当数值为 0.5 ~ 1 时为效率较无效，当数值大于 1 为效率有效。根据一般经验数据，DEA 计算结果高于 0.7 就具有有效性，高于 0.9 说明数据优秀。总体技术效率见表 3 – 15。

表 3 - 15 国内兼并和收购研发总体技术效率

总体技术效	兼并（个）	比重（%）	收购	比重（%）
有效（H > 1）	11	36.67	15	50.00
较无效（0.5≤H≤1）	12	40.00	8	26.67
无效（0 < H < 0.5）	7	23.33	7	23.33
纯技术效率	兼并（个）	比重（%）	收购	比重（%）
有效（Hvw > 1）	17	56.67	21	70.00
较无效（0.5≤Hvw≤1）	9	30.00	4	13.33
无效（0 < Hvw < 0.5）	4	13.33	5	16.67
规模效率	兼并（个）	比重（%）	收购	比重（%）
有效（s > 1）	6	20.00	8	26.67
较无效（0.5≤s≤1）	20	66.67	19	63.33
无效（0 < s < 0.5）	4	13.33	3	10.00

资料来源：郝清民，郝正阳. 兼并与收购对发起方创新绩效影响分析［J］. 上海管理科学，2015，37（4）：14 - 21.

发生兼并活动的企业研发配置效率是非常有效的，而且与兼并活动效率值相比相差不大，即有兼并行为的企业研发配置效率平均值要高于有收购行为的企业，因此，兼并行为产生的创新绩效要比收购行为高。从发生并购活动企业的总体研发配置效率分布来看，兼并有效的企业占比为 33.67%，而收购有效的企业有 50%。

从纯技术效率指标来看，兼并和收购两者之间的差距不大，从数量上来看兼并企业和收购企业效率在均值方面也相差无几，但收购的无效个数却高于兼并，说明在纯技术效率方面收购所产生的创新绩效中有个别企业的绩效奇高，拉高了平均效率值，最终还是应该以有效企业个数作为评判依据。兼并活动有效的比重比收购活动低，但是兼并企业效率无效的企业个数比收购企业的个数要少，表明兼并活动可以使企业纯技术效率有效，而纯技术效率主要来源于企业的管理以及技术等因素带来的生产效率，所以从该指标可以得出企业的兼并活动对于纯粹的技术创新绩效产生的影响要大于收购活动。

从规模效率指标来看，兼并企业规模效率有效的个数小于收购企业。在总体技术效率、纯技术效率、规模效率三个方面，兼并企业普遍小于对等的收购企业。对于规模收益而言，两者的差距也不大。虽然收购效率值有效的企业个数是收购大于兼并，但是效率均值是兼并企业比收购企业高。兼并之后企业规模肯定要比收购前大，其产生的规模效率也必然提升，所以从规模方面的创新绩效看，兼并高于收购所产生的绩效。

不管是总体技术效率、纯技术效率还是规模效率，兼并企业无效值个数总是比收购企业少。因此，开展兼并活动的企业效率较高，企业兼并所带来的创新绩效要比企业收购产生的创新绩效高，说明企业在并购时如果选择兼并那么对于自身的创新绩效有很大的推动作用，企业发生兼并活动之后的综合技术效率均值比收购活动高出将近20%，而该指标主要反映的是对研究单位的资源分配实力、运用效率以及其他各个方面实力的整合测算和评价，能够充分表明一个企业在发生兼并活动之后给企业带来的创新绩效的改变。所以上述研究可以充分表明一个企业在进行并购时若选择兼并的方式则要比进行收购活动产生更好的创新绩效（郝清民、郝正阳，2015）。

为什么兼并的创新绩效高于收购活动，而国内企业多倾向于收购？根据郝正阳（2015）的研究，主要原因可以汇总为以下几方面。

（1）技术获取的局限。由于并购方进行并购只是单纯为了获取技术资源，其目的主要是获得纯技术优势或关键的技术，而不是希望整体上接管被收购公司，但实际上很难将技术资源和冗余资源严格分开，收购整个企业更容易操作。

（2）避免兼并的实际困难。由于兼并要涉及多方面的利益关系，随着并购法制规范的健全，要顾及方面和问题会更多，在进行企业背景调查、兼并进程协商、兼并资金获取渠道与方式等方面，所受限制也越来越多。

（3）兼并后的整合。兼并之后的发起方面临企业的整合问题，尤其是双方资源要素之间的进一步评估合并，如员工调整、文化融合、高管沟通，还有与地方政府之间的关系，以及如何应对政府政策的变更等问题。

3.3.3　不同导向的并购创新效率

把投入产出指标按照市场导向、资本导向和创新导向分为三类，使用两阶段超效率模型SBM，进一步得出较为细化的结论。

（1）市场导向：即以托宾 Q 值、专利数量和市盈率为产出指标。由于托宾 Q 参考了市场价值，专利数量是经过注册、公告并且在市场中表现的，市盈率参考了每股市价，这三个指标都或多或少参考了市场价值，所以将其归为市场导向指标。从总体技术效率来看，实施兼并的企业研发配置效率较为有效，实施收购的企业研发配置效率较为一般，实施收购行为的企业研发配置效率要略低于实施兼并的企业，收购行为产生的创新绩效要比兼并行为的低。比较结果见表 3 – 16。

表 3 – 16　　　　市场导向下国内兼并和收购研发总体技术效率情况

总体技术效率	兼并（个）	比重（%）	收购	比重（%）
有效（H > 1）	9	30.00	11	36.67
较无效（0.5≤H≤1）	6	20.00	6	20.00
无效（0 < H < 0.5）	15	50.00	13	43.33

资料来源：郝清民，郝正阳. 兼并与收购对发起方创新绩效影响分析 ［J］. 上海管理科学，2015，37（4）：14 –21.

从市场导向的研发效率均值方面来看，收购的效果比兼并的效果好，收购的效率比兼并的效率高。说明在市场导向下，企业如果想要通过并购在市场指标上获得较高的创新绩效，那么进行收购要比兼并更有效。虽然在平均的创新绩效效率上收购要低于兼并，但是有效的总体技术效率比兼并的要高出约 7%。

从上述的研究结果可以看出，收购活动的效率要高于兼并活动的效率，企业在制定公司的并购策略时就可以定位于收购而非兼并，从而使得并购活动更有效率。从政府政策的角度来讲，适时地颁布管理条例，规范并购行为，防止出现无序并购要约做出有碍企业正常发展的行为。从而保证市场有效、规律地运行。

（2）资产导向：即以无形资产净额、总资产周转率和资产总额为产出指标。这三个指标都是以企业的资产数作为计算依据的，所以可以将其归为资产导向。

从总体技术效率来看，发生兼并活动的企业研发配置效率较一般；发生收购活动的企业研发配置效率较高。发生兼并行为的企业研发配置效率要略低于有收购活动的企业,兼并行为产生的激励效果要比收购行为略低。从均值来看,收购的效率值和兼并差距不是很大。具体情况在表 3 - 17 中进行比较。

表 3 – 17　　　　资产导向下的国内兼并和收购研发总体技术效率情况

总体技术效率	兼并(个)	比重(%)	收购	比重(%)
有效(H > 1)	5	16. 67	7	23. 33
较无效(0.5 ≤ H ≤ 1)	12	40. 00	6	20. 00
无效(0 < H < 0.5)	13	43. 33	17	56. 67

资料来源:郝清民,郝正阳. 兼并与收购对发起方创新绩效影响分析 [J]. 上海管理科学,2015,37(4):14 – 21.

从资产导向的研发率均值来看,收购的效果比兼并的效果略好。从企业的总体技术效率比重来看,在总体技术效率"有效""无效"两个角度,兼并企业比收购企业要小 7% 左右,但是"较无效"的比重却要大大高于收购企业,并且无效的创新绩效效率比重也要低于收购企业。说明在资产导向下,企业如果想要通过并购在自身资本能力范围内获得较高的创新绩效,那么进行兼并比进行收购的效率高,因为通过细分之后进行企业自身资本能力导向的 DEA 分析得出兼并活动带来的创新绩效总体要比收购的高。可见一个企业若是关注自己的资本能力,那么进行兼并的效果更好。收购的效率均值高出兼并许多,最直接的原因是收购企业中有极个别企业的超效率值奇高。兼并在国企的并购活动中较为适合,因为部分资产在没有有效竞争对象的情况下有着很大的闲置率,而在资产方面兼并产生的技术效率明显要比收购高,提升资产利用效率的另一方面还增加了公司的创新绩效。比较注重于资产能力提升、加强利用效率的企业可以在并购活动中选择兼并的手段。

(3)创新导向:以企业技术员工数和开发支出为投入指标,专利数量和无形资产净额为产出指标。企业技术员工是进行创新活动的先决条件,开发支出也是企业为了创新研发进行的支出;专利数量体现企业创新活动成果,无形资产净额体现企业所拥有的创新资产数量。所以可以将这种分类描述为创新导向。

从总体技术效率来看,兼并与收购在创新导向下的效率都不高,有收购

行为的企业研发配置效率在创新导向下要略高于兼并活动的企业。但是两者
在创新上的总体效率依旧属于较低的水平，差距不是很大。具体在表3-18
中展开比较。

表3-18　　　　创新导向下的国内兼并和收购研发总体技术效率情况

总体技术效率	兼并（个）	比重（%）	收购	比重（%）
有效（H>1）	2	6.67	3	10.00
较无效（0.5≤H≤1）	12	40.00	11	36.67
无效（0<H<0.5）	16	53.33	16	53.33

资料来源：郝清民，郝正阳. 兼并与收购对发起方创新绩效影响分析［J］. 上海管理科学，
2015, 37（4）：14-21.

从创新导向的研发率均值方面来看，收购的效果比兼并的效果略好一点。
从企业的总体技术效率占比来看，兼并"有效"创新绩效效率要比收购低一
点，但是"较无效"比重要高于收购企业，并且总体技术效率"无效"比重
与收购企业相同。说明在创新导向下，兼并的创新绩效比收购高，可见一个
企业若是想通过并购提升自己技术创新能力，则进行兼并的效果更好。

总之，兼并与收购对提升企业创新技术效率还较低，企业通过并购无法
充分发挥技术协同效应，对于技术水平提升能力较差。并购在创新方面还是
无法满足企业短期获得技术能力提升的目的。因此，如果企业是为了获取技
术能力的提升，就应该考虑到并购的短期局限性，从而做出并购手段的相应
调整、政策变动等，以促使技术实力的转化提升。

3.3.4　小结

本章通过兼并和收购两方面进行研发配置效率的测度，以此来判断企业
并购和兼并给并购发起方带来的创新绩效差异，实证研究结果表明：兼并活
动的企业的总体技术效率高于收购行为，兼并产生的研发配置效率要高于收
购活动的研发配置效率，兼并会带来更高的效率。但是收购产生的纯技术效
率比兼并高，如果企业比较注重市场表现，那么进行收购的效率要高一些；
如果企业比较注重自身的资产利用效率，进行兼并会给企业带来更高的创新

绩效，比如国企采用混改提升资产利用效率。

如果一个企业发起并购活动仅仅是为了获得被并购企业的技术、为了提升自己的技术效率，那么进行收购所产生的效果要比兼并好，企业进行收购活动之后的纯技术效率要比兼并活动高。而且收购相比于兼并而言还可以避免一些兼并活动之后并购发起方企业面临的困境。

创新导向的并购需要并购发起方企业与政府共同努力，从而提升企业并购后的创新能力。从企业层面来说，发起方企业要明确并购目的，制定政策，促进创新能力的转化提升。政府方面对技术创新给予政策支持，以破除并购之后发起方企业所面临的技术融合障碍，提高技术吸收转化能力。

第4章

技术并购与自主研发要素的关系

自主研发要素对技术并购的影响

在自主研发投入方面，截至 2019 年底，华为在全球共持有有效授权专利8.5 万件，其中 90% 以上专利为发明专利；研发人员约 9.6 万名，约占公司总人数的 49%；研发费用支出 131659 百万元人民币，约占全年收入 15.3%。华为与全球 30 多个国家和地区 400 多所大学、研究机构，900 多家企业开展创新合作。任正非提到华为每年培训费达数十亿元人民币，按 20 万人计，平均每人每年培训费达数十万元。

在对外并购方面，2011 年华为收购赛门铁克科技有限公司，致力于网络安全与存储产品的研发、销售和服务；2012 年收购英国 CIP Technologies 集成光子研究中心；2013 年收购比利时 Caliopa，致力于数据通信和电信市场的硅光子技术的光模块的硅光技术；2013 年 12 月收购澳大利亚 Fastwire PTY Limited，致力于运营支撑系统研发。2014 年 7 月华为投资 XMOS 设计用于物联网领域的高性能芯片与相关技术；2014 年 10 月，收购 Neul 从事物联网项目方向的传感器及相关无线电标准的研究工作。2015 年收购比利时无线网络设备厂商 Option，Option 是欧洲唯一的无线网卡、USB 闪存和嵌入式笔记本上网模块厂商；2015 年 7 月收购爱尔兰 Amartus，专注软件定义网络。2017 年收购以色列 HexaTier 和 Toga Networks，它们是数据库安全公司和基于软件系统设计和芯片设计公司。2019 年收购莫斯科 Vokord 安防技术企业，该公司拥有在人脸识别系统方面的技术专利与研发人才，120 个数学家和工程师，在视频监控摄像头及软件设计方面有 20 年开发经验、11 项设备专利与 6 项软件专利。

企业自主研发水平有助于准确识别外部技术知识，能快速地判别外部技术知识是否为自身所需要、是否能与自身技术基础产生协同效应，进而更为精准地明确技术并购的目标方。美国 NBER 数据的结论是创新能力更强、拥有更多专利的主并公司研发投入相对较少，创新效率较高；而专利数量较少、内部研发投入较多企业常常在技术并购中成为目标方（Bena and Li，2014）。自主研发在一定程度上可以降低相应财务和经营风险，兼并和收购带来的技术并购创新效率不同，自主研发的创新转化能力始终对技术并购决策具有重要作用（刘晓佳，2018）。因此，若是企业不具备充足的自主研发技术能力和知识储备，存在巨大内外技术差距和知识鸿沟，就会限制其对外部先进技术的识别能力，难以达成技术并购或者技术协同的目标。而自主研发涉及企业的资金、人员、设施的投入，这些传统要素和数字和信息等作为自主研发投入，对技术并购的作用有待深入剖析。

4.1.1 自主研发要素对技术并购作用

并购是企业外部成长战略的关键部分，可以快速进入新市场、获取有形资产、实施多元化战略、拓展业务领域、获取目标方技术、知识资产、销售渠道、品牌等无形资产。美国高科技行业公司样本显示，研发投入不多且创新能力较差的公司并购意愿越强，支持替代假说；技术基础较好公司则追求并购，支持互补假说（Wagner，2011）。技术并购和自主研发间关系复杂越高，二者的互补或替代关系并没有统一定论，与各个要素和配置有很大关系。

1. 自主研发费用

技术并购和自主创新之间的关系受公司本身消化吸收能力影响。以往专利积累表示公司的吸收能力，并购方吸收能力越强，技术并购和自主创新间互补关系越显著（Wanger，2011）。于成永等（2012）以苏浙沪等地制造业问卷调查为依据，发现企业在内部研发的同时对技术并购意愿越强烈越能促进创新，保持企业内外部技术源之间的动态平衡很重要。王金桃等（2013）提出自主研发减少了技术开发成本降低了技术并购获取外部技术的难度；外部技术获取在内部研发持续增大的情况下提升创新绩效。胡雪峰、吴晓明（2015）针对我国医药上市公司并购，认为自主研发投入强化了技术并购和创新绩效间关系。朱华桂（2016）通过 A 股上市公司 517 起并购事件，揭示并购当年的技术并购会负向影响绩效，后续研发投入则会产生协同效应，促进生产力提高。国有企业并购相对规模越大，整合成本越高，只有技术并购和自主研发产生协同交互作用才能提升创新能力。因此，提出假设：

H4－1a：自主研发费用对技术并购有正向影响。

高科技公司的技术并购是公司自主创新能力下降的替代创新方案（Desyllas and Hughes，2008）。当大公司在自主创新存在缺陷而无法进行技术换代时，可以通过收购有潜在技术优势的中小型高技术企业，实现技术并购与自主创新间替代（Wanger，2011）。过度内部研发可能被对手知悉从而使技术优势消失，从而对创新绩效产生负面作用。高科技公司在吸收能力较差时，技术购买和自主创新间存在替代关系，在吸收能力较强时，二者互补（Hagedoorn and Wang，2012）。并购削弱行业竞争，缩减或整合类似的研发活动投资（唐清泉，2014）。王楠（2017）基于中国 4556 个高技术制造业样本，发现内部研发取得对手无法模仿的优势资源，有效提升了相对竞争力。王宛秋（2016）认为并购成熟度较高、成长时间较充足、并购经验较丰富的并购方不应当在技术并购后加大研发投入，而应缩减研发投入以提高技术并购绩效。因此，提出假设：

H4－1b：自主研发费用投入对技术并购有负向影响。

2. 自主研发人员

技术并购战略之中的关键性资源是人才，尤其是技术人员会对企业技术并购绩效产生正向影响。从人力资本角度看，并购方技术人员利用其独有的专业知识缩减交易成本提高技术并购绩效。魏江（2014）将研发人员比例作为高技术企业的吸收能力的代理变量，用演化博弈法验证企业在并购前几年所累积技术吸收能力显著影响技术并购，提出研发工作者在企业中占比例越大，人力资源越丰厚，企业在技术并购前知识基础与技术吸收能力越好，越有助于提高企业技术并购绩效。朱晋伟（2015）在研究计算机等高技术行业的并购创新绩效时指出研发人员投入比研发设备投入更能提高企业的技术并购绩效，因此计算机企业应更注重高端人才，吸引更多高质量技术人员加入研发队伍，优化技术并购绩效。高新技术产业的研发工作者比例较高，对新知识吸收及新技术应用程度的要求也高。创新技术的提升很大程度上依赖高技术人才。肖健华（2017）通过研究技术人员数量与研发资金投入对高新产品服务收入与专利数量的影响，发现相比研究资金，技术人员数量对创新影响更小。企业在进行研发投入时需要注重技术人员和研发资金投入匹配关系。因此，提出假设：

H4-2：技术人员占比越高，技术并购后的创新绩效越好。

3. 自主研发设施要素

在数字经济时代，土地、原材料以及设备等物质资本的作用逐渐被弱化，包含了知识技术信息等新元素的新设施成为企业经营发展的基础，数控机床、芯片、光刻机等成为制约相关科技型企业乃至整个行业发展的主要瓶颈。数字设施在未来的资源整合时成为关键。朱晋伟（2015）在高新技术行业研究中发现，新增固定资产比率等相关指标时和创新绩效不显著线性相关。在信息技术迅猛发展的背景下，计算机行业设备的先进性稍纵即逝。为促进我国高技术产业的创新，国家政策要求持续推动科技基础建设，改善和优化固定资产投资结构，强化高技术产业竞争力。因此，并购方物质资本禀赋富足，有形资产比重高，知识资源才能更有效地应用于实际并转化为产品成果。因此，提出假设：

H4-3：自主研发设备对技术并购后的创新绩效正相关。

下面结合具体的数据从研发费用、研发人员与研发设备等三个方面及其相互关系分析研发投入对技术并购的影响。

4.1.2　研发要素与并购演化指标数据

本章选取行业为高技术行业，借鉴《上市公司行业分类指引》（2012）与国家统计局印发的《高技术产业统计分类目录的通知》，最终选取医药制造业，计算机、通信及其他电子设备制造业，信息传输、软件和信息技术服务业，科学研究和技术服务业四个行业。数据源自 CSMAR 并购样本、WIND 数据库和巨潮网。

此处将技术并购界定为公司的资产、股权收购以及吸收合并行为，不考虑资产剥离、置换等广义层面上并购形式。样本的筛选标准如下：并购的首次公告日期在 2010～2016 年；财务信息较为完整；并购交易顺利完成；剔除 ST 类公司的并购事件；使用资产或股权作为支付方式获得其他公司股权或资产的公司为收购公司，出让资产或股权的公司为目标公司；剔除金融（SIC 代码以 I 开头）和房地产业（SIC 代码为 J）。最终获取高技术企业的 6287 个技术并购样本。详细变量汇总说明见表 4－1。

表 4－1　　　　　　　　　　　变量汇总说明

变量	符号	定义	参考来源
创新演化	PAT	并购当年专利申请数之和	温成玉（2011）
	PAT3	并购当年及此后 3 年专利增量之和	王宛秋（2016）
	PAT_5	并购前 5 年申请专利数之和	朱华桂（2016）
	IA_1	并购前 1 年无形资产的自然对数	王宛秋（2016）
研发要素	RDL	并购当年至第二年研发总额均值自然对数	王宛秋（2017）
	RDI	并购当年研发费用占主营业务收入比重	曹志广（2012）
	RDI1	并购后 1 年研发费用占主营收入比重	曹志广（2012）
	HRD	并购当年技术人员占总员工比重	朱晋伟（2015）
	FA	固定资产净额占总资产比重	朱晋伟（2015）
控制变量	AGE	企业成立年份	Guillen（2000）
	DY	并购年份与并购方成立年份的差值	王宛秋（2016）
	LN_PM	并购价的自然对数	王宛秋（2016）
	SIZE	总资产规模的对数	郑骏川（2012）

变量	符号	定义	参考来源
控制变量	LEV_1	并购前 1 年资产负债率	王宛秋（2016）
	NM_1	并购前 1 年净利润	黄国良（2009）
	Cash_1	并购前 1 年经营活动产生现金流量净额	王宛秋（2016）
	IRBR_1	并购前 1 年营业收入增长率	王宛秋（2016）
	ROID	独立董事比例	袁德利（2017）

资料来源：根据相关文献整理。

4.1.3　研发要素对技术并购演化的影响

描述性统计、相关性和多重共线性等检验省略。

1. 研发费用投入对技术并购的影响

控制变量和解释变量采用前一期的数据，结果见表 4 - 2，即研发费用投入会对并购之后的创新绩效存在正向作用，假设 H4 - 1 得到验证。

表 4 - 2　　　　　　　研发费用投入对技术并购的影响

变量	PAT_5			PAT			PAT3		
研发 RD	16.26***	—	—	7.85**	—	—	19.31***	—	—
强度 RDI	—	0.68**	1.54***	—	0.15***	0.45***	—	-0.11	0.14
过度 RDI^2	—	—	-0.14**	—	—	-0.01**	—	—	-0.01
对价 PM	26.67***	39.93***	40.15***	9.24***	15.70***	15.74***	22.55**	38.63***	38.66**
控制变量	控制	控制	控制	控制	控制	控制	控制	控制	控制
F 统计量	327.6	314.6	271	190	168	145	193	157	135
调整 R^2	0.23	0.23	0.23	0.15	0.14	0.14	0.16	0.13	0.13

资料来源：Stata 统计输出。

实证结果显示，资源基础理论得到证明，并购方研发费用投入越多，技术并购后的创新绩效越高。研发费用投入在并购后 3 年大幅增加，并购之初面临融资压力的企业会缩减研发支出等相关费用，随着并购发展，企业并购绩效在当期研发投入减少后会呈现出滞后性。每增加 1 单位的研发费用投入（RD），并购当年专利申请数（PAT）增加将近 8 个单位。并购价格、并购规模、资产负债率、净利润、现金流量均正向显著影响技术并购后创新绩效。并购价格和规模反映企业资源整合能力，资产负债率说明债权人的监督使得并购方更关注技术并购创新绩效。净利润与现金流净额说明并购方财务资源越丰厚，创新绩效更好。

研发投入和研发强度是企业形成新技术知识、提升技术创新能力的关键，对于企业的技术并购有独特的战略意义。

（1）在技术并购的事前选择方面，自主研发提高技术并购公司对外来技术的识别能力，有助于事前准确识别目标方。结合本书第 3 章的技术并购决策，采用并购方并购前 5 年的创新绩效（PAT_5）来表示其知识基础。并购方研发投入与知识基础正相关。研发费用的投入每增加 1 个单位，平均每年增加 3.5 个单位专利，但是还是小于并购当年 8 个单位的数值。研发经费的投入增强并购方的知识基础从而增强其识别和评价目标企业的能力。研发活动是并购方识别和评价目标方技术能力的主要来源，能够提升识别与选择目标方的效率和准确率。由于投资决策中的技术信息非对称性，并购方很难逐一评判外部技术的合理价值，特别是在知识产权保护的背景下，对目标方技术进行鉴别的难度非常大。并购方通过研发可以对目标方的技术知识进行有效评估，通过自主研发和知识积累降低并购过程中信息不对称产生的负面作用。

（2）在技术并购的事后整合方面，研发投入增强企业学习能力，增强对外部获取技术吸收能力，有利于事后整合。本章采用并购后 3 年专利申请数之和（PAT3）来衡量并购方在技术并购后的整合效果。研发费用的投入对并购后几年的专利申请数之和（PAT3）产生正向且显著的作用，研发费用的投入每增加 1 个单位，专利申请平均每年增加 6.4 个单位，与并购当年基本持平，远超并购之前的平均水平。因此，并购方的研发费用投入可以提高其技术并购整合能力。技术并购包括并购动机、决策整合吸收、成效评估等环节。在双方技术转移和整合的过程中，并购方自主研发投入对技术并购存在相应的调节能力，在公司对技术并购的积累过程中，自主研发投资能够提升外部技术获取的有效性，公司针对内部投入资金对创新活动产生激励，强化其对新技术的吸收能力，从深层次上推动了内外部技术整合。企业自主研发能力越高，对外部获取的技术的整合能力就越强。结合资源基础理论，并购方在并购完成后的众多研发行为，目的就在于对目标方技术的消化吸收，且引发协同效应。

为了进一步验证假设 H4 – 1，用研发强度和过度研发进行回归分析，结果仍见表 4 – 2。研发强度会对近期技术并购绩效产生显著的正向影响，过度研发反而产生反面效应，研发强度对随后的整合绩效作用不明显。

（1）具体来讲，每增加 1 个单位研发强度（RDI），并购当年专利申请数（PAT）增加 0.15 个单位，与研发费用总额对技术并购绩效作用基本一致。说明企业研发费用在绝对值和相对值方面均可以提高技术并购绩效。不管是公司外部技术并购还是内部研发均会影响公司绩效。研发强度能够在技术并购带来的技术转移和传导过程中存在正向调节作用。内部研发对技术并购要约以及绩效的调节作用具体表现在公司对外部技术吸收与消化环节里，内部研发投入能够有效提升公司对当前的外部技术应用效率并有效转变成创新能力。

（2）知识基础用并购方并购前 5 年的创新绩效（PAT_5）来表示，研发强度与并购前的创新积累正相关。在数字经济和知识经济大背景下，资源优势的重要性相对下降，而技术知识的作用越来越大。竞争对手对知识技术模仿与优化的竞争愈演愈烈，产品生命周期显著压缩，技术价值也持续削减。对于高技术企业而言，持续的研发投入强度有助于提升自主知识技术水平，提高自身价值和技术资源。自主研发是高技术企业发展的关键。企业的持续竞争力尤其是创新能力是由技术知识逐步积累形成的。

（3）研发费用强度（RDI）对并购后的技术创新绩效（PAT3）并没有显著影响，相对于研发总量的作用而言，研发费用强度（RDI）并不明显。在并购后，并购方的业务范围与营业规模都发生很大变化，主营业务收入的增长幅度可能会大于研发总量的速度，因而并购方研发强度有所降低，对后期的整合效果不明显。并购方应视产品市场与技术创新的现实情况而选择合适的研发指标进行监控和分析。研发费用总额的增加可以增加并购后的创新绩效，研发强度对并购后创新绩效并没有显著作用。这也可以从研发强度的平方项看出。二次方普遍系数为负，且比较显著，说明研发强度与创新绩效为倒"U"形关系，具有一定优化区间。一旦超过这个区间。研发对技术并购后的整合作用就会显著降低。

2. 研发人员对技术并购的影响

为了验证假设 H4-2，技术人员占比（HRD）与技术并购绩效显著相关，考虑技术人员占比（HRD）可能存在优化区间，将技术人员占比的平方值（HR·HR）加入回归，结果见表4-3。

表4-3　　　　　　　　研发人员对技术并购的影响

变量	PAT_5	PAT	PAT3
HR	2.44**	0.70**	0.84**
HR·HR	-0.03**	-0.01**	-0.01**
并购约价 PM	37.38**	14.54**	36.95**
控制变量	控制	控制	控制
F 统计量	275	135	129
调整 R^2	0.23	0.13	0.12

资料来源：Stata 统计输出。

（1）技术人才比例对技术并购具有关键的作用。在企业发展和技术并购中，技术人才是技术知识的承载者，属于企业关键性的内部资源。研发人员投入（HR）对技术并购创新绩效的影响呈现凸性，间接验证了人力资源基础理论、智力资本理论和技术支持转移理论。在技术并购交易中，技术人才承担了技术知识传导、共享与整合环节，涵盖技术知识、人力资源的开发和整合等方方面面，并购方内部研发人员比例形成的技术能力对并购技术的吸收产生相应的调节和知识传播消化吸收等效应。

（2）技术人才比例在不同时期的适当性很重要。具体而言，在并购当年，技术人员比例为35%左右时技术并购绩效（PAT）达到最大值；在并购后3年，技术人员比例（HR）平均每年在14%时创新绩效达到最大值。说明对并购方而言，技术人员比例存在一定的最佳值区间，在此区间，技术人员占比越高，并购方知识基础广度和深度越可观，对目标方的吸收与整合能力更强。超过这一区间上限，技术人员占比过高，研发团队人员冗余，可能造成团队协作不畅、信息沟通障碍、研发组织结构不佳等情况，导致技术并购绩效逐渐下降。因此，并购方在选择合适的并购对象之后，应综合考虑出最佳方案来使技术人员更好地融入企业原有的研发团队与企业文化（刘晓佳，2018）。

（3）过度研发的人员及其效率问题。并购后如果研发过度，就会造成并购后的研发能力被削弱，并购导入的人才之间产生隔阂，不利于技术导入的成果消化吸收。就高技术企业而言，若是并购企业存在科技文化差异、人员管理配置不善，则在并购之后可能出现研发人员相互推诿、技术整合效率不高、创新成效较差等创新低迷时期。有可能导致核心主干员工流失，技术人员效率的作用出现先升后降的情况。因此，并购方企业在逐步提升研发成员比例的情况下，还需要引入高水平和高素质的研发人员，确保研发人员的质量，对研发团队的结构进行适时的优化调整，避免出现研发过度导致的人员效率下降等问题。

（4）并购决策的科学化方面。控制变量中的独立董事比例对技术并购绩效的影响正相关，说明公司治理层面更客观，能避免管理团队并购决策方面的片面性，从独立的视角为技术并购提供决策参考。技术投资具有投入大、高风险、收益回收周期长的特点，治理水平的提升能够有效抑制管理层研发投入的机会主义行为，使得研发投入的决策化水平有效提升。

创新的主要动力是不断的研发投入，不论是研发资金还是研发人员，对推进技术并购的绩效均具有重要作用。在技术并购以后的整合阶段，人员总数上升，相应的研发人员比例降低，会对创新带来一些不利影响。结合以上，高技术企业应在保持合理研发人员比例的前提下，提高研发人员的激励措施，确保研发人员质量和结构合理，防止研发组织结构冗余和创新效率低下。

3. 研发设备对技术并购的影响

为了验证假设 H4 - 3，多元回归分析结果见表 4 - 4。

表 4 - 4　　　　　　研发设备投入（FA）对技术并购的影响

变量	PAT_5		PAT		PAT3	
FA	4. 94 ***	1. 67 ***	1. 56 ***	0. 58 ***	3. 56 ***	1. 17 ***
FA · FA	− 0. 07 ***	—	− 0. 02 ***	—	− 0. 05 ***	—
PM	78. 75 ***	76. 59 ***	22. 39 ***	21. 73 ***	45. 58 ***	44. 0 ***
控制变量	控制	控制	控制	控制	控制	控制

续表

变量	PAT_5		PAT		PAT3	
F 统计量	253	291	161	184	172	193
调整 R²	0.20	0.19	0.13	0.13	0.14	0.13
样本数	6287	6287	6287	6287	6287	6287

资料来源：Stata 统计输出。

研发设备投入（FA）显著影响技术并购创新绩效，同时也具有倒"U"形特征。依照资源基础理论，企业具备的有形以及无形资源有所差异，企业竞争的优势源于其所具备的特殊资源，其可以提供给企业的经济租金，研发租金就属于企业的一类特殊资源，可以让企业获取到不错的技术并购绩效。

并购方每增加 1 单位的固定资产（FA），并购当年的技术并购创新绩效（PAT）便增加 0.6 个单位，并购后 3 年的技术并购创新绩效（PAT3）增加 1.7 个单位。因此，并购方应积极增强研发设施的使用效率。并购方研发资源和设施越完备，技术并购绩效越理想。研发设备与企业正常经营发展的基础设备不同，研发设备与产品技术质量和未来经济效益紧密关联。研发设备更新和改造能够推动科技和研发的持续推进，能使产品产量以及质量提升，减小成本，获取更大经济效益。但是也可以看到，过度的设备配置也会带来不利影响。设施配置也具有一定的优化区间。因此，企业应投入适当资金更新和完备研发设备。保证研发设施结构先进、技术完善、功能齐全，并以此为基础激发技术人才的研发才能，提高创新效率。

4. 自主研发费用人员与设备对技术并购的影响

为综合验证假设 H4 - 1、假设 H4 - 2、假设 H4 - 3，进行多元回归分析，结果见表 4 - 5。

表 4 - 5 研发费用（LN_RD）、人员（HR）与设备（FA）投入对技术并购的影响

变量	PAT_5		PAT		PAT3	
RDI	0.98 **	2.70 ***	0.30 *	0.85 ***	0.15	0.99 ***
RDI · RDI	- 0.01 *	- 0.02 ***	- 0.00 *	- 0.01 ***	- 0.00	- 0.01 ***
HR	3.35 ***	—	0.96 ***	—	1.45 ***	—
HR · HR	- 0.03 ***	—	- 0.01 ***	—	- 0.01 ***	—
FA	6.61 ***	5.57 ***	2.11 ***	1.75 ***	4.39 ***	3.83 ***

续表

变量	PAT_5		PAT		PAT3	
FA·FA	− 0.76 ***	− 0.08 ***	− 0.03 ***	− 0.03 ***	− 0.06 ***	− 0.06 ***
PM	68.52 ***	70.03 ***	19.25 ***	19.65 ***	41.49 ***	42.09 ***
控制变量	控制	控制	控制	控制	控制	控制
F 统计量	165	185	105	118	100	115
调整 R^2	0.24	0.23	0.17	0.16	0.16	0.16

资料来源：Stata 统计输出。

　　综合考虑研发费用投入强度、技术人员占比与研发设备时，三者作为技术研发投入要素均对技术并购绩效及其演化产生显著的影响。同时也存在倒"U"形关系，存在一定的优化区间。

　　相当于研发费用投入，研发强度随时间的迁移对技术并购绩效的影响逐步减弱。并购当年比并购后两年的技术并购绩效有所增加。研发强度可以提高技术并购的有效性和时效性，内部研发投入强度更是技术知识基础的基石。对技术知识的应用具有明显影响作用。企业本身所具备的研发能力越强，对获取到的外部技术的整合能力也就越强，但是随着时间迁移逐步减弱。所以，技术并购创新演化所产生影响随企业研发强度逐步弱化呈倒"U"形关系。可见，研发强度也不能过高，否则势必影响营收资金的周转，影响企业的发展和正常运营。

　　技术人员占比对并购当年及并购后两年的技术并购绩效存在优化空间，因此，重视人才、留存被并购企业人才和对企业自有人才的培养都十分重要。就技术并购而言，其最为注重的就是目标企业在技术层面上所具备的价值，若是技术人员流失，就会造成花费更多成本学习和掌握运用技术，削弱企业潜在技术价值。在完成技术并购之后，整合这部分人才，加大对人才的培养力度，使得双方人才知识充分融合产生更多的知识和技术，带来技术的突飞猛进。但在一方面，技术人员比例过高，研发团队结构冗余、管理低效，会降低技术并购绩效（刘晓佳，2018）。因此，企业在研发人员方面存在一定的优化区间，研发人员比例适当会对技术并购绩效产生积极影响。

　　研发设备对并购当年及并购后两年的技术并购绩效正相关。研发设备作为将技术知识转化为创新产品的工具，其价值通过技术人员的使用逐渐转移至新产品。研发设备投入随着技术人员的知识潜能被最大程度地开发出来。将无形的技术知识资产转化为有形的有竞争优势的创新产品，对企业的技术并购绩效产生正向影响（刘晓佳，2018）。但也要看到，过度的设备浪费，降低了设施的使用效率。要推动企业技术创新发展，就必须要注重整体性的创新要素配给机制。在自主研发中确保人力、物力、财力资源能够科学分配和合理配置。企业应围绕技术发展的构建合理适当高效的人财物管理制度，持续地开展技术创新研发，才能提高技术并购的创新能力。

为了验证综合假设 H4-1、假设 H4-2、假设 H4-3。回归中将研发费用投入由研发费用总额（Ln_RD）替换为研发费用强度（RDI），并综合考虑了人员和资金、人员和设施、资金和设施的交互影响。回归结果见表 4-6。

表 4-6　　　研发费用强度、人员与设备投入对技术并购的影响

变量	PAT_5	PAT_5	PAT_5	P0	P0	P0	PAT3	PAT3	PAT3
RDI	1.32 ***	2.64 ***	0.44	0.399 **	0.558 *	0.21	0.27	0.01	0.12
RDI²	−0.01 **	−0.01 **	−0.02 ***	−0.004 *	−0.004 *	−0.00 **	−0.00	−0.00	−0.04
HR	1.39 ***	3.31 ***	3.13 ***	0.39 ***	0.95 ***	0.92 ***	0.76 ***	1.45 ***	1.43 ***
HR²	−0.02 ***	−0.03 ***	−0.03 ***	−0.01 ***	−0.01 ***	−0.01 ***	−0.01 ***	−0.01 ***	−0.01 ***
FA	2.92 ***	6.58 ***	5.63 ***	1.04 ***	2.109 ***	1.95 ***	3.08 ***	4.39 ***	4.33 ***
FA²	−0.07 ***	−0.09 ***	−0.09 ***	−0.02 ***	−0.03 ***	−0.03 ***	−0.05 ***	−0.06 ***	−0.06 ***
HR · FA	0.08 ***	—	—	0.02 ***	—	—	0.03 ***	—	—
HRD · RDI	—	−0.03 **	—	—	−0.00	—	—	0.003	—
FA · RDI	—	—	0.10 ***	—	—	0.016 *	—	—	0.006
MP	70.37 ***	68.53 ***	68.54 ***	19.79 ***	19.25 ***	19.25 ***	42.15 ***	41.49 ***	41.50 ***
控制变量	控制	控制	控制	控制	控制	控制	控制	控制	控制
R²	0.250	0.241	0.242	0.176	0.168	0.169	0.164	0.161	0.161

资料来源：Stata 统计输出。

综合考虑研发费用强度、技术人员占比与研发设备投入时，研发费用强度对技术并购绩效演化有显著的逐步淡化作用。说明提高研发费用总额、研发费用占主营收入的比例都可以显著提高技术并购绩效，但研发总额对创新的影响更持久。技术人员占比（HR）对技术并购绩效的影响存在最优值，超过这一数值则技术并购绩效逐渐下降；研发设备投入（FA）对技术并购绩效

产生正向且显著影响，也存在优化区间。总体实证结果与前述实证结论均一致。

加入交互项后，在技术并购的知识基础方面，人才和设施的合理搭配、资金和设备的交互作用，有益于并购创新的绩效。而人员与资金的交互作用弱化了技术并购的作用。相对比并购当年的创新绩效，在并购整合时期，人才和设施的交互作用是最重要的影响要素。科研人才及其优化比例也影响显著，突出了在技术并购的创新演化过程中，人才技术知识和特定技术设备对技术并购的影响。

为了验证结果的稳健性，将主要的被解释变量、解释变量和控制变量用其他相关指标替代，再次进行多元回归分析。同时将数据的时间区间扩充到 2017～2019 年，新增加 3300 个技术并购样本。整体回归后，稳健性检验的研究结果仍与上述实证结果一致，说明选择的变量和数据具有较好的代表性。对解释变量滞后一期的选择，在一定程度上降低了内生性的问题。

4.1.4　小结

从自主研发的费用、人员、设备三个方面及其交互作用分析自主研发投入对技术并购后的创新绩效的影响。选择医药制造业，计算机、通信和其他电子设备制造业，信息传输、软件和信息技术服务业，科学研究和技术服务业四个高技术行业的并购事件，筛选发生在 2010～2019 年的 9587 个样本，得到以下结论。

研发费用投入对技术并购绩效具有显著的正向影响。研发强度与研发费用总额的对数对技术并购绩效的影响一致，研发费用总额比研发强度更明显地影响技术并购绩效，研发人员投入、研发设备投入对技术并购创新绩效的影响呈现凸性且显著的关系。

在企业技术并购后自主研发的后续投入方面，企业在实施技术并购后持续地进行内部研发有利于技术并购后的整合，前期的研发知识储备十分重要，亦是实现技术并购绩效提升的重要条件。研发人员投入和设施存在一定的优化区间，企业不可盲目增减技术人员数量，应确定一定最优比例并投入高层次研发人员，持续优化完善研发团队的结构。随着技术并购的产生，需要根据研发人员合理配置研发设备。对人才和设施的后期整合阶段，也需要注重区间的优化。随技术并购的时间变化和创新演化，研发中人才与设备的合理搭配和交互影响始终对创新具有重要的作用，说明人才知识和特定设备对技术并购的重要性显著比研发费用的作用要大。因此有必要进一步从人才和知识基础方面的问题入手，对技术并购双方技术差距的影响进一步进行研究。

4.2

人才知识和技术差距对并购演化的影响

"技术差距论"认为，在创新和模仿主体之间工业品贸易是以技术差距存在为基础进行的，技术模仿时滞解释了技术贸易的可能性。随专利权转让、技术合作、投资或贸易，创新国家或企业的领先技术传到外部，模仿方利用低劳动成本优势，自行生产并减少进口。以技术差距为基础的贸易也随之逐渐消失。

发展中国家企业可以通过后发成本优势、技术跨越与赶超、国际技术贸易、创新国际化等形式获取先进技术、实现技术跨越。

"技术邻近性"强调主体双方获取外部知识时具有先验知识和技术的关系特征。地理邻近性空间概念扩展到组织、制度、技术等领域。"技术邻近性"对创新联盟产出、省份间知识溢出、区域创新、大学 – 企业协同创新绩效具有显著促进作用。"技术重叠""技术相似性"有利于企业并购后的创新产出。

4.2.1　人才知识要素与技术差距

依据知识基础理论和动态能力理论，国外学者较早用专利数量衡量技术创新成果，国内学者普遍用专利相关累积数据代表企业知识基础，指出并购方并购前知识基础对并购后创新效率提升有较显著作用（周博宇，2020）。谢伟等（2011）较早总结了影响企业并购绩效的关键因素，知识规模、人才水平和知识相关性等因素能通过不同途径作用于企业技术创新绩效。

1. 知识要素与创新效率

在股票市场发达的国家中，并购前技术资源相对少的公司更倾向于并购，且并购前创新能力相对弱的公司在并购后创新成效提高更多（Zhao，2009）；原有知识基础规模较高的公司相较其他同类公司有更高创新水平（Po-Hsuan，2014）；拥有更频繁收购行为公司，会积累更多的创新资源，并且拥有更强意愿或能力来增强创新（Jess，2015）。周煊等（2012）用医药制药公司企业的技术创新质量水平表示知识基础规模，将专利类型区分为发明专利、实用新型专利和外观设计，以专利数量代表知识基础规模，发现知识基础规模能显著提高企业的销售收入和盈利水平。张学勇等（2017）认为以并购方的专利存量代表的知识规模较全面的股票长期表现较好，但在短期内与知识规模差异的相关性较小。黄璐等（2017）用生物医药行业专利申请年增长率和自主研发产品年平均增长率作为被解释变量，并用已获得专利数和在研项目数代表知识规模，发现虽然知识规模能促进技术并购的创新产出水平，但却对技术并购创新过程中财务绩效造成负面影响。刘端等（2018）用国内技术密集型行业中并购当期增加专利数量和研发支出代表创新绩效，研发资本存量代表知识规模，发现并购方研发投资会显著增强并购后的创新效率，但这种增强效应只出现在持续追加研发资本并购中。针对企业根据知识规模进行目标企业选择问题上，屈晶（2019）选取并购后新获得专利总数代表创新绩效，双方在并购发生前5年内专利总数之差代表技术差距，并购方进行互补性并购时应选取技术差距小的目标企业，而进行替代性并购时应选取技术差距较大的目标企业，以最大程度地促进创新效率的提高。总之，并购方的原有知识基础会对并购后的创新演化产生一定影响。因此，提出假设：

H4-4：并购方知识基础规模会对并购后的创新演化产生积极影响。

2. 技术人才与创新绩效

国内研究中对衡量技术人才水平的指标的选取呈现多样化，大多证明并购方并购前的技术人才水平促进并购后创新效率。王金桃和裴玲（2013）选取技术人才水平作为因变量，并购事件发生前后各10天内股价和当年销售收入与生产成本的差值为自变量，发现技术人才水平与并购后绩效显著正相关。黄璐等（2017）发现生物医药行业研究人员占比对创新产出绩效影响为正。张娜娜等（2019）发现医药类上市公司以本科以上高学历员工数量为代表的吸收能力与自主研发的投入和强度与创新绩效显著正相关。王宛秋和马红君（2019）研究了7年间A股共188起并购事件，以专利申请数量为因变量、并购双方技术人员供应指数比值为调节变量，发现技术人员供应指数与并购后创新绩效正相关。在技术并购活动中，并购方技术人才水平会对并购后创新产出水平和创新投入水平产生一定程度的影响。因此，提出假设：

H4-5：并购方技术人才水平会对并购后的创新绩效产生积极影响。

3. 技术差距与企业创新绩效

并购前企业的知识技术水平会在一定程度上影响并购后的资源整合效率，其影响程度可能受并购双方相对资源和技术差距的作用，且不同行业样本间表现出一定程度的差异。美国化工行业中技术并购方的绝对知识规模与目标企业间知识规模的相对水平会对并购后的创新产出效率产生一定的抑制作用（Ahuja and Katila，2001）。美国1984~2006年的并购数据集合表明公司间技术差距会对并购决策和并购后的创新活动产生积极影响（Bena and Li，2014）。于开乐（2008）分析了自主创新案例，认为当被并购方知识积累大于并购方或与并购方知识积累形成互补时，并购后企业的自主创新能力会得到提升。吴先明（2016）选取中国企业海外并购事件发现并购方的吸收能力、目标企业的知识基础和并购获取外部资源的特征等因素正向影响并购方并购后的创新绩效，且并购双方的技术能力差异在吸收能力和外部资源特征与创新绩效间的关系中发挥负向调节作用。李宇等（2016）将技术并购区分为互补型和替换型两种，并购双方的技术差距在两类技术并购事件中促进并购后的创新绩效。黄璐等（2017）发现，在生物医药行业，当目标企业知识技术资源越丰富时，并购方在进行资源整合时成本会更高，从而减少研发投入强度，并购双方技术差距对技术人才水平与企业研发投入产生较显著负向抑制作用。因此，提出假设：

H4-6：双方技术差距对知识基础和技术人才对创新效率产生调节作用。

4. 研发强度与创新绩效

研发投入强度会随着行业竞争和并购活动的进程而变化，通过并购后的自主研发强度提升而进行更多的创新活动（Phillips and Zhdanov，2013）。技术并购后企业倾向通过加大研发投入强度的方法增大研发活动支持力度（Hong et al.，2013）。并购方的原有知识技术资源规模能在一定程度上促进企业增大研发力度，且研发投入的水平会与企业并购后的创新绩效显著同向变动。于成永和施建军（2012）从创新的投入和产出角度评估创新绩效，认为创新投入在一定程度上影响创新产出水平。郝清民和任欢欢（2015）研究发现企业的研发投入力度会影响企业开展的技术并购活动，且企业自身的研发投入能促进企业获取外部的知识技术资源，提升竞争优势。宋洋（2017）以资源基础理论为基础，将影响创新活动的资源区分为技术知识资源和信息资源两类，发现研发投入水平会在创新活动所需资源与公司创新产品产出间产生中介效应。王文华等（2017）以动态能力理论为基础，将企业自主研发分为探索型和开发型两类，发现在获取外部技术资源前，企业进行探索型研发正向调节外部技术相对异质性与企业绩效之间的关系；在获取外部技术资源后，企业开发型研发正向调节外部技术相对异质性与企业绩效之间的关系。考虑到并购方研发投入强度可能在知识技术基础上对创新能力产生影响，提出假设：

H4-7：并购方研发会对知识基础和技术人才影响创新绩效起中介作用。

4.2.2 人才知识与并购变量与数据

技术并购一般是指并购方为获取目标企业的知识技术资源而实施的并购活动。知识技术资源包括知识基础和技术人才资源，其中知识基础通常用企业已获得的专利授权数量表示。依据周煊等（2012）的方法，参照国家统计局发布的《高技术产业统计分类名录》和证券会行业划分标准，共选取医药制造业、信息技术业、机械制作业和电子制造业四个行业。考虑企业财务数据完整性和并购后创新产出的时滞性，在万得数据库和 Choice 数据库中选取目标行业中 A 股 2013~2016 年的并购事件和 2013~2018 年的财务数据。

因为部分公司在样本期内发生多起并购事件，依据冼国明和明秀南（2018）的研究，选用样本期内首次实施并购的年份，筛选标准：公司已连续经营 4 年（剔除 ST 类上市公司），并购方在实施并购活动后应取得目标企业的实际控制权（股权大于或等于 30%）；并购事件公告为成功；报告中明确并购的目的技术资源。得到 2013～2016 年的技术并购样本 217 个。

专利申请数据来源于国泰安数据库和佰腾网的专利检索系统，并和国家专利检索网站中的数据进行对比；上市公司技术人员水平数据来源于万得数据库；上市公司财务数据来源于 Choice 数据库。（1）被解释变量，并购绩效采用样本公司在并购当年的专利申请数量（PAT）。技术差距采用公司并购后第一年、第二年的专利申请数量与并购当年专利申请数量的差值，分别记为 PAT1 和 PAT2。（2）解释变量用并购方知识基础（KNOW）以企业并购前 3 年内的专利授权拥有总量代表企业的创新能力和知识积累（Ahuja，2001）。技术人才水平（HRD）影响到企业对外部知识吸收能力，依据王宛秋和马红君（2019）的研究，选用样本公司并购发生前 1 年研发人员占全体员工比例来衡量。（3）中介变量，选用并购发生当年研发支出占营业收入的比值来表示，研发投入强度变量记为 RDI。企业的研发投入水平会受到自身知识技术资源的影响，且会对企业的创新能力转化为创新产出的水平产生影响。依据宋洋（2017）的研究，企业研发投入在企业创新所需信息、技术资源和创新产出成果间起到传导作用。（4）调节变量选用并购事件发生前 3 年内并购双方授权专利总量的比值来表示，技术差距变量为 TD。并购双方知识差距增大影响企业在并购后的财务决策，技术差距影响技术资源和研发投入、创新产出（王维和李宏扬，2019）。并购活动中并购双方的知识技术匹配程度不仅能影响并购方事前决策，而且能影响并购方并购后资源整合过程。（5）控制变量选择规模、所有制、杠杆率、企业存续年限等常规的变量。

4.2.3 技术差距交互影响下的并购演化

参考王维和李宏扬（2019）的处理方法，考虑到专利相关数据的平均值和方差通常相差较大，按专利数量衡量的变量是非负整数值，构建负二项回归模型分析并购效率。同时构建多元线性回归模型分析中介变量与自变量间的关系。调节变量 TD 表示公司在当年并购中的技术差距。用 Know·TD 和 HRD·TD 分别代表两个解释变量和调节变量的交乘项。RDI 表示公司并购当年的研发投入强度为中介变量。将当年专利申请数 PAT，并购后第 1 年和第 2 年与当年专利申请数量差距 PAT1 和 PAT2 作为被解释变量，经过变量数据的基本统计分析和检验（略）后，回归结果见表 4-7。

表 4-7 变量回归结果

变量	PAT	RDI	PAT	PAT1	PAT1	PAT2	PAT2
知识基础 KNOW	0.25 **	0.14 **	0.28 **	0.25 ***	0.26 **	0.26 **	0.24 **
人才比例 HRD	0.16 ***	0.12 **	0.14 *	0.26 **	0.29 **	0.34 **	0.41 ***
技术差距 TD	-0.48 *	0.25	-0.65 *	-0.24 **	-0.29 **	-0.38 *	-0.42 **
研发强度 RDI	—	—	0.30 **	—	0.27 *	—	0.28 **
Know·TD	-0.67 **	-0.34 *	-0.44 *	-0.71 *	-0.53	-0.63 *	-0.43 *
HRD·TD	0.29 ***	0.06 **	0.15 *	0.64 **	0.41	0.52 *	0.51 *
控制变量	控制	控制	控制	控制	控制	控制	控制
R^2	0.27	0.31	0.26	0.28	0.28	0.28	0.29

资料来源：Stata 统计输出。

（1）知识基础（KNOW）对创新绩效的影响。综合观察并购当年及后几年的创新绩效，发现公司的知识基础均显著正向影响并购后的创新产出和研发强度，验证了假设 H4-4。并购前的专利累积数量能够较好地反映知识基础水平。较高质量知识基础的并购方选择目标方时更容易识别出与自己知识匹配程度更高的并购对象。知识基础规模作为公司吸收能力的一种体现，还可以对公司并购后的资源整合、吸收过程提供帮助。

（2）技术人才比例（HRD）对创新绩效的影响。并购当年和随后几年的创新增量显示研发人员占全体员工数量的比例均正向影响并购后的创新产出和研发强度。验证了假设 H4-5。公司拥有的技术人才数量反映公司技术人才水平，是公司吸引目标方人才的基础，是知识吸收能力和创新顺利进行的必要条件。对公司并购后的人才整合、创新消化吸收、知识涌现过程提供最积极的帮助。

（3）技术差距（TD）的调节作用。从知识基础角度，并购双方技术差距越大，并购方知识资源整合的难度提升和成本增加。因此技术差距对并购方的创新绩效的提升有一定的抑制作用。公司并购后几年内创新绩效为被解释变量时，技术差距发挥调节作用，技术差距对知识基础和创新绩效间的关系具有较显著的负向影响。验证了假设 H4-6。对技术人才水平和创新效率间的关系具有较显著的正向影响。从技术人才水平角度分析，并购双方的技术差距越大，双方的知识技术和人力资源整合时要求投入成本增加。高质量的技术人才水平代表知识的多样性和异质性，研发团队的知识储备能够促进知识技术资源转化为创新产品的效率。双方的技术差距对技术人才水平和知识基础和创新产出效率间的关系具有较显著的负向影响。并购双方技术差距大的时候，目标方的知识规模更大，并购实施方需要进行更多的资源整合，从而占用更多资金，减少研发投入。则技术差距对知识基础和研发投入、创新绩效间的关系起抑制作用。当并购双方技术差距大的时候，并购双方的技术人员储备能为整合目标方更丰富的资源提供技术支持，即技术差距对技术人员水平和研发投入、创新绩效间的关系起促进作用。

（4）研发强度的中介效应。公司知识基础和技术人才水平对公司的研发投入均有较显著的正向影响，而知识基础、技术人才水平和研发有利于研发强度的创新发挥。说明研发强度在技术并购促进创新绩效中有中介作用，假设 H4-7 成立。根据动态能力理论，在并购后的资源整合过程中调整研发强度，以适应知识资源和研发团队的变化。公司的已有知识技术资源基础能影响研发强度。研发强度的增加能一定程度地促进公司创新产品的产出效率，加强知识和人才的转化率。

（5）稳健性检验。在知识基础理论和动态能力理论基础上，综合考虑企业的创新产出效率和创新投入效率，并检验研发强度变量的中介效应和技术差距变量的调节效应，在一定程度上降低遗漏变量的风险。通过替换被解释变量进行稳健型检验，一定程度上降低变量测量误差的风险。

针对双向交互影响，技术并购决策可能内生于企业的创新效率，导致逆向因果。本章选用并购发生前 1 年知识基础规模和技术人才水平作为解释变量，研究重点从技术并购能否促进企业创新效率转向并购方的特征对并购后创新效率的影响。同时考虑到企业的创新产出效率可能会对研发投入强度产生影响，选取并购发生后 2 年内的创新产出效率作为被解释变量，采用滞后变量降低了并购后创新效率对并购当年行为的影响程度，在一定程度上降低了内生性问题带来的结果误差。

在内生性问题上，本章借鉴许长新和陈灿君（2019）的处理方法，替换被解释变量，选取主并公司并购后 2 年内专利申请数量平均值与相应时间内研发人员数量平均值比值，回归发现知识基础、人才技术水平和技术差距与替换后的创新效率间的相关性较之前没有发生较大变化，而且研发投入强度作为中介变量发挥的中介效应依然存在。

综上，知识基础、技术人才水平、技术差距和研发投入变量在一定程度上能够解释并购后公司创新效率的提升。

4.2.4 小结

本章研究发现，并购方原有知识基础和技术人才水平显著影响并购后公司的创新产出水平和创新投入水平。选取专利申请数量和研发强度分别代表上市公司并购后的创新产出和投入效率作为因变量，同时选取知识规模和技术人才水平作为自变量，验证了研发强度的中介效应和技术差距的调节效应。

技术差距对公司知识基础和技术人才对并购绩效有显著调节作用，研发强度在技术并购促进公司提升创新效率方面发挥中介作用。在实施并购过程中，拥有更丰富知识基础和技术资源存量的企业会获得并购后更高的创新效率。并购方根据自身资源存量和人才技术水平选择技术差距适当的目标企业。并购方应重视并购后研发强度的调整。以利于将并购双方的技术和资源有效整合。

基于以往研究成果，建议开展并购活动的企业增强并购前的知识积累。在并购过程中，并购方可以利用知识资源加大吸收能力、提升研发实力、重视知识资源积累、提高原始知识存量，为并购活动的实施做好准备。通过加大研发投入力度提升并购资源速度和效率。自主研发投入在具备高素质人才队伍和充足资源的情况下，能够帮助并购方进行资源吸收、整合和转化，并购方在并购后继续加强研发实力，对双方的技术资源进行有效整合。

充分利用技术差距，重视并购经验积累。企业在进行技术并购前对目标企业的资源价值和技术潜力做出正确的评估，并选择与自身知识较匹配的目标企业，充分评估双方技术差距。在并购过程中，知识丰富和技术经验丰富的技术人员能指导并购策略，使双方资源的融合更加快速、全面，从而形成新的创新竞争力。

4.3
治理激励与自主研发

《国有科技型企业股权和分红激励暂行办法》通过股权激励等方式鼓励技术和管理人员自主创新的条款有：

第一条 为加快实施创新驱动发展战略，建立国有科技型企业自主创新和科技成果转化的激励分配机制，调动技术和管理人员的积极性和创造性，推动高新技术产业化和科技成果转化，依据国家法律法规，制定本办法。

第三条 本办法所称股权激励是指国有科技型企业以本企业股权为标的，采取股权出售、股权奖励、股权期权等方式，对企业重要技术人员和经营管理人员实施激励的行为。分红激励是指国有科技型企业以科技成果转化收益为标的，采取项目收益分红方式；或者以企业经营收益为标的，采取岗位分红方式，对企业重要技术人员和经营管理人员实施激励的行为。

第六条 实施股权和分红激励的国有科技型企业应当产权明晰、发展战略明确、管理规范、内部治理结构健全并有效运转，同时具备以下条件之一：转制院所企业、国家认定的高新技术企业、高等院校和科研院所投资的科技企业，近3年研发费用占当年企业营业收入均在3%以上，激励方案制定的上一年度企业研发人员占职工总数10%以上。

对于非国有企业的激励政策，属于上市公司的，按照《上市公司股权激励管理办法》执行；非上市公司可比照《中华人民共和国促进科技成果转化法》等相关规定执行激励政策，或自主决策。

4.3.1 公司治理与自主研发决策

企业采用不同的激励政策和措施激发技术和管理人员的自主创新的积极性和创造性，这些股权激励和酬金分红需要公司高层治理结构按照规章进行决策。企业高管和董事会等治理机构的决策以及制定的创新战略直接影响自主创新成效，公司的决策结构对自主创新的研发投资和技术人员决策具有重要影响（李佩云，2018）。

《国有科技型企业股权和分红激励暂行办法》中实施股权和分红激励的企业具备的条件之一就是，近3年研发费用占当年企业营业收入均在3%以上（也称研发强度），激励方案制定的上一年度企业研发人员占职工总数10%以上（也称研发人员比例）。企业具备内部治理结构健全的条件。

依照智力资本和人力资源等理论，自主研发能力与科技人才比例和研发强度息息相关。科技研发人才和科技管理人才具有不同的特性，公司的治理结构对公司的自主研发尤其是研发强度和人才比例的作用需要深入研究。多数研究对于公司治理结构常从股东会、董事会、高层管理者三个治理主体着手，重点从股权结构、董事会治理、激励机制、高管特征等维度综合衡量。

1. 股权结构与自主研发决策

股权结构是公司治理结构的基本要素。合理有效的股权结构有助于激励企业自主研发（Sullivan，2000）。股权结构可以从股权属性、股权集中度两个方面进行分析。

（1）不同股权属性影响企业自主研发投资力度（Wright et al.，2009）。宋敏、李春涛（2010）发现，不管是自主研发决策投入还是产出，国有控股企业表现都比民营企业要好。以研发投入为研究对象，非国有控股企业的创新能力和绩效比国有控股企业好（孙维峰，2012）。

（2）股权集中度是企业股权聚散程度的体现。大股东持股比例高，容易为了规避自主研发决策不确定性而降低研发投入（Ortega-Argiles，2005）。冒乔玲、李伟（2016）发现股权集中度高，增加研发投入会减低企业创新绩效。毕克新、高岩（2007）认为股权离散程度和创新绩效呈"U"形关系。在创业型或中小企业中，经常会发生大股东越过董事会和股东大会，直接行使其决策权干预公司战略和经营策略的情况（张光荣等，2007）。因此，提出假设：

H8：股权结构集中不利于自主研发决策。

2. 董事会与自主研发决策

合理的董事会结构、对代理人实施有效监督，有利自主研发决策（Robert et al.，2010）。董事会治理从董事会规模、董事会结构、两职合一这三个方面研究。

（1）董事会规模比较大，成员间技能协同与知识互补会增强，会提升董事们战略决策效率（Hit et al.，1996）。孙早、肖立平（2015）在研究 A 股的战略新兴产业时发现董事会规模较小有利于研发投入，反之则相反。美国制造业公司的实践也表明，适度的董事会规模会促进企业进行自主研发决策（Zahra et al.，2000）。刘胜强、刘星（2010）对披露研发投入的高新技术产业和制造业的研究发现董事成员的最佳数量是 7 人或 9 人，两者间没有线性关系。

（2）董事会结构通常指董事人员选择。独立董事能为企业带来多元化外部资源，帮助企业快速应对各种不确定性，促进自主研发决策（Pearce and Zahra，1991）。陈昆玉（2010）发现独立董事占比较低的公司创新投入明显要低。独立董事可以很好地监督管理人员，还可以参与公司的自主研发决策、左右研发投入（Boyed et al.，2011）。何强、陈松（2007）得出独立董事与自主研发决策负相关。如果企业以独立董事为主，企业通常会选择外购技术、专利或并购创新型企业的外部创新模式（Hoskisson et al.，2010）。也有人根据权变理论，认为独立董事占比对企业自主研发决策影响无规律可言（Zona et al.，2013）。

（3）董事长是否同时担任总经理一职，能够左右董事会决策和决策的执行能力。美国纳斯达克（NASDAQ）的数据显示董事长与总经理不是同一人更有利于自主研发决策（Chang，2008）。赵旭峰、温军（2011）得出两职分离是自主研发决策投入的催化剂，会增加其投入力度的结论。李玲、陶厚永（2013）发现在市场竞争比较激烈的行业，两职合一对企业研发投入与企业创新绩效有促进作用。刘振（2015）根据权变理论发现国有控股的两职合一不利于自主研发决策，非国有控股企业两职合一会刺激企业自主研发决策。黄庆华等（2017）发现两职合一可以有效促使企业研发投入力度增加。因此，提出 3 个假设：

H9：董事会规模越大，越不利于企业进行自主研发决策；

H10：独立董事占比越高，会对自主研发决策产生消极影响；

H11：董事长和总经理由同一人担任，会对自主研发决策产生积极影响。

3. 高管与自主研发决策

自主研发决策持续周期长、风险大，一旦失败对高管不利。高管很可能会放弃自主研发来规避风险。因此，合理的高管激励措施能够将股东利益与经营者利益结合起来（Holmstrom，1979）。高管激励分两个方向：股权激励和薪酬激励。

（1）股权激励是指以股票、期权等形式的激励使经理人与股东利益趋同，提高高管对自主研发决策的支持力度。美国高管持有的股权期权和限制性股票数量与专利数量通用性以及引用率显著正相关（Lerner and Wulf，2007）。股权激励与创新正相关（Hellmann and Thiele，2011）。胡振华、熊昱（2015）发现高管拥有股份越多，企业的创新投入也越多。管理者适度的股权激励能够很好地刺激企业进行自主研发决策，但是当股权激励过度时，高管权力过大，出现内部人控制现象（Lazonick，2007）。徐宁（2013）以为股权激励与自主研发决策的关系时，发现两者会呈现倒"U"形关系。

（2）薪酬激励与管理者绩效相关。陈胜兰（2011）对 2007~2008 年我国的信息产业上市企业进行研究，高管薪酬激励会刺激企业进行自主研发投入。风险规避型的高管因为创新的风险成本太大而不会增加创新投入，短期的薪酬激励将会抑制企业创新投入（Richardson，2006）。短期薪酬激励和股权激励同自主研发投入之间无明显关系（Tien et al.，2012）。高管是自主研发决策的践行者，拥有分配企业内部资源的控制权（徐宁，2013）。因此，提出 3 个假设：

H12：高管平均年龄越大越不利于企业的自主研发决策；

H13：薪酬激励会促使高管增加自主研发决策；

H14：股权激励将会促进高管提高企业的自主研发决策。

本章从公司股东、董事、高管这三个治理主体出发，以公司治理等理论为基础，对已有研究文献进行梳理，进一步研究各个公司治理变量对自主研发的影响。并结合科技企业特性，从不同规模和不同成长性不同角度进行分析。

4.3.2 治理激励与自主研发变量模型

自主研发决策和公司治理的关系因不同的行业而具有不同特性。其中创业板公司因为成长性高、研发投入力度大而适合作为样本。因此选择其中的制造业公司 2013～2016 年的数据。数据来源于 Csmar 数据库、Wind 数据库，剔除 ST 企业、金融类企业以及数据不全的企业，最终保留 235 家有效样本公司。

（1）被解释变量：研发强度 RDI = 年末研发支出/年末公司主营业务收入；技术人员比率 HRD = 年末的技术人员数/公司总人数。

（2）解释变量：股权激励 SOI = 高管持股数量/总股数；薪酬激励 SI = ln（年末披露前三名高管薪酬之和）；董事会规模 BS = ln（董事会总人数）；独董比例 IB = 独立董事人数/董事会总人数；两职合一 CD = 总经理与董事长两职合一 1 两职分离 0；股权集中度 TOP1 = 年末第一大股东持股比例；高管平均年龄 Mage = ln（average 高管年龄）。

（3）控制变量：企业规模 SIZE、发展能力 GROW、盈利能力 ROA、资产结构 LEV 等。

4.3.3 治理要素与自主研发分析

首先，从资金的维度，检验股权激励、薪酬激励、股权集中度对研发强度（RDI）的影响，引入 HRD 作为调节变量。对假设 H8、假设 H13、假设 H14 进行检验。

其次，从人的维度，研究董事会规模、独立董事比例、两职合一、高管平均年龄以及股权集中度对自主研发的技术人员占比（HRD）的影响。对假设 H8、假设 H9、假设 H10、假设 H11、假设 H12 进行检验。

最后，考虑将股东、董事会、高管层面公司治理多元素的交互作用，同时考虑 HRD 作为调节变量，研究对企业自主研发的影响。

描述统计分析、相关性分析、多元线性回归分析以及稳健性检验过程在此省略。根据样本企业 2016 年度的 Size 指标中位数，将企业划分为大小两种规模进行回归对比分析。按照规模进行划分之后的回归结果见表 4-8。

表 4-8　　　　　　　　　　按公司规模划分后的回归结果对比

变量	研发强度		技术人员比率		研发强度		技术人员比率	
	小规模	大规模	小规模	大规模	小规模	大规模	小规模	大规模
人员比率	0.04**	0.03**	—	—	0.04**	0.02**	—	—
股权集中 TOP1	-0.07***	-0.04***	-0.15**	-0.03	-0.08***	-0.04***	-0.14**	-0.04
董事会规模 BS	—	—	-0.16**	0.03	-0.06***	0.01	-0.15**	0.02
独董比例 IB	—	—	-0.62***	0.11	-0.10	-0.00	-0.59***	0.08
两职合一 CD	—	—	-0.03**	-0.01	0.01*	0.01	-0.05**	0.00
平均年龄 Mage	—	—	-0.15	-0.03	-0.01	-0.04	-0.12	-0.02
股权激励 SOI	0.04***	0.01	—	—	0.01	0.01	0.09	-0.07
薪酬激励 SI	0.02***	0.01***	—	—	0.02***	0.01***	0.06	-0.02
控制变量	控制	控制	控制	控制	控制	控制	控制	控制
R^2	0.14	0.13	0.03	0.02	0.16	0.13	0.03	0.02
F	12.56	11.25	9.18	7.43	9.18	7.43	2.69	2.01

注：***、**、* 分别表示通过了 1%、5%、10% 的显著性水平测试。

对回归结果的具体分析如下。

（1）股权集中度与自主研发显著负相关。在小规模公司二者显著负相关，在大规模公司二者不显著；股权集中度在董事会和高管因素的交叉作用下，对自主研发有显著抑制作用。不论企业规模大小，股权集中度越高，自主研发决策水平会越低，支持了假设 H8。

（2）董事会与自主研发的关系。董事会对小规模企业的影响比较显著，而对大规模企业的影响却不够显著。从董事会独立性可见，独立董事占比越高，自主研发决策投入越小。两职合一不利于小规模企业的自主研发决策。两职合一很可能会对小规模企业的自主研发决策产生不利影响。

（3）高管与自主研发的关系。无论企业规模大小，高管的平均年龄对企业的自主研发决策无显著影响，股权激励对小规模企业的自主研发决策有显著的积极影响。当股权激励与董事会治理相互作用后，其对自主研发决策的影响便不显著了，因此对于小规模企业，自主研发决策会受股权激励的正向影响，但是其对自主研发决策的影响程度、是否显著与公司的治理架构有很大关系。薪酬激励对不同规模大小的企业自主研发决策均有显著的积极作用，支持假设 H14。

按照样本企业 2016 年度的成长性指标中位数，将样本企业划分成长性高和成长性低两类。分类后的回归结果见表 4-9。

表 4-9　　　　　　　　　　　　按成长性分类的样本回归结果对比

变量	研发强度		技术人员比率		研发强度		技术人员比率	
	低成长	高成长	低成长	高成长	低成长	高成长	低成长	高成长
人员比率	0.03 *	0.03 ***	—	—	0.03 *	0.03 ***	—	—
股权集中 TOP1	− 0.09 ***	− 0.02	− 0.15 **	− 0.01	− 0.11 ***	− 0.02	− 0.16 **	− 0.02
董事会规模 BS	—	—	− 0.07	− 0.11 *	− 0.07 ***	0.01	− 0.06	− 0.12 **
独董比例 IB	—	—	− 0.46 **	− 0.18	− 0.14 *	0.02	− 0.47 **	− 0.20
两职合一 CD	—	—	− 0.04 **	0.01	0.01	0.01 ***	− 0.06 ***	0.01
平均年龄 Mage	—	—	0.15	− 0.25 **	− 0.07	0.04 *	0.18	− 0.27 **
股权激励 SOI	0.05 ***	− 0.00	—	—	0.02	− 0.01	0.07	− 0.04
薪酬激励 SI	0.02 ***	0.01 ***	—	—	0.02 ***	0.01 ***	− 0.02	− 0.03 *
控制变量	控制	控制	控制	控制	控制	控制	控制	控制
R^2	0.16	0.17	0.04	0.01	0.18	0.18	0.05	0.01
F	14.308	15.16	4.04	1.50	10.47	10.83	3.52	1.60

注：***、**、*分别表示通过了1%、5%、10%的显著性水平测试。

按成长性高低划分的样本回归结果分析如下。

（1）股权集中度与自主研发。在成长性比较低的企业中，股权集中度越高，对企业的自主研发决策活动越不利，这一规律对于成长性较高的企业也同样适用。对创业板制造业企业而言，企业的自主研发决策活动比较容易受到股权集中度的影响，适度的股权分散有利于企业进行自主研发决策，支持假设 H8。

（2）董事会与自主研发的关系。董事会治理对成长性不同的企业的自主研发决策有着显著影响。董事会规模对自主研发决策有显著的抑制作用，但对于不同成长性企业的影响效果不同，不同公司治理因素会影响 BS 对 RDI 的效果；董事会独立性对成长性较低企业影响比较显著，会抑制企业自主研发决策，而在成长性较高企业，独立董事影响则不显著；两职合一对低成长性的企业有抑制作用，但是对成长性比较高的企业而言，却有比较显著的积极影响，因此在不同的成长性企业，董事会治理会对自主研发决策产生不同的影响。

（3）高管与自主研发关系。首先，从有效模型来看，无法得出高管平均年龄对企业自主研发决策的影响的结论；对于成长性比较低的企业，实施股权激励有助于企业自主研发决策，在加入了董事会治理的变量之后，SOI 对 RDI 影响不显著，说明在设计或调整治理结构的时候，一定要综合考虑多种因素对企业的综合影响效果；无论公司的成长性如何，实施薪酬激励总会激励高管加大研发费用的投入，进而促进企业的自主研发决策（李佩云，2018）。

对不同的回归结果的汇总统计表见 4 – 10。

表 4 – 10 回归结果统计

特性	变量	股权集中	董事会规模	独董比例	两职合一	平均年龄	股权激励	薪酬激励
小规模	研发强度	– ***	– ***	–	+ *	–	+	+ ***
	人员比率	– **	– **	– ***	– **	–	+	+
大规模	研发强度	– ***	+	–	+	–	+	+ ***
	人员比率	–	+	+	+	–	+	+
低成长	研发强度	– ***	– ***	– *	+	–	+ **	+ ***
	人员比率	– **		– **	– ***	+	+	–
高成长	研发强度	–	+	+	+ ***	+ *		+ ***
	人员比率	/	/	/	/	/	/	/

注：***、**、* 分别表示在1%、5%、10%的水平上显著，"+""–"表示正相关、负相关，"/"表示未检验或不显著。

对回归结果进行汇总，得出以下结论：

（1）无论在何种类型的企业，股权集中对自主研发决策均有抑制作用，但是对于高成长性的企业而言，其抑制作用不显著，支持假设 H8；

（2）董事会规模越大，越不利于企业进行自主研发决策，这可能和董事规模增大带来的代理成本问题有关，验证了假设 H9；

（3）独立董事比重高的企业对自主研发决策的态度会比较消极，对不同规模和不同成长性的企业显著程度不一，验证了假设 H10；

（4）两职合一对自主研发决策影响比较显著。高成长性公司两职合一会促进企业研发活动；低成长性企业两职合一对企业的自主研发决策产生抑制作用；小规模企业的独立董事越多，越不利于企业进行自主研发决策，部分支持假设 H11；

（5）股权激励对企业的自主研发决策是有正向影响的，小规模企业和成长性偏低的企业，股权激励的正向影响比较显著，验证了假设 H13；

（6）对高管实施较高的薪酬激励均会有效地促进高管推进自主研发决策、进行自主研发决策活动，支持假设 H14。

4.3.4 高管激励的研发创新机制检验

根据契约理论和激励理论，对高管的各种激励可以分为显性激励和隐性激励（刘馨扬，2019）。显性激励是公司制度和契约约定的有据可查的报酬（如薪酬、绩效奖金、股权期权）；隐性激励是由职位或权力带来的潜在的相应便利（如在职消费、权力、晋升），多是无法具体落实或比较灵活的各项附带权利等。

1. 高管创新动力的显性激励假说

关于货币薪酬对创新绩效的影响假说。（1）积极的影响方面，李春涛和宋敏（2010）发现提高制造业企业总经理薪酬激励可以大幅增加以新产品销售收入、当年新发明申请专利数量、生产工艺提升和创造为表现的创新绩效。股权分散且高成长性的企业实施股权激励后，企业研发支出显著提高；而股权激励对于股权集中、低成长性企业没有显著作用（李梦元，2018）。刘振和刘博（2018）研究股权集中度与高管薪酬组合、自主创新之间关系，认为国有企业货币薪酬的增加会使管理者减少自主创新投资，非国有企业则和国有企业相反。在国有或非国有控股高新技术企业，管理者股权薪酬与企业内生

R&D 费用支出之间为 N 形关系。(2) 消极的影响方面，美国上市公司数据发现，薪酬激励与企业创新投入无明显的相关性（Tien，2012）。梁彤缨（2015）发现，由于货币薪酬与短期绩效相关，研发支出按照会计准则被费用化，损害当期利润，导致高管放弃长远利益、减少研发投入。总之，货币薪酬的激励具有双面性。积极方面，货币薪酬与绩效挂钩缓解股东与经理人之间的摩擦，提高管理者的风险承受能力，激励风险承担的研发决策；消极方面，高管的货币薪酬与绩效过于紧密可能操纵会计利润，使管理者和股东信息不对称，损害公司股东的利益。

关于股权激励对创新绩效的影响假说方面。唐清泉（2009，2011）发现股权激励与企业研发投资显性正相关。股权激励使管理者从公司长期可持续发展角度进行投资决策，提高管理者创新热情，保障研发投资的效率和成果。朱德胜和周晓佩（2016）通过研究自主创新和模仿创新衡量创新绩效，发现高管持股比例与企业的创新绩效非线性相关。刘晓慧（2018）以创业板为样本，发现薪酬激励与创新效率呈倒 "U" 形关系。在合理范围之内，高管薪酬激励显著提升企业创新；与货币薪酬相对，股权激励则是长期激励方式。张云等（2018）发现在薪酬体系中加入股票薪酬可以提升管理者冒险精神，促进企业研发创新。

2. 高管创新的隐性激励假说

隐性激励一般认为由晋升激励和控制权激励等方面组成。从公平角度出发，高管团队合作的紧密程度和效率不同，管理层级存在不同薪酬差距，这种差距有效刺激管理者争取更高地位和利益。

（1）晋升激励是一种行为理论，通过晋升带来个人财富的增加和个人荣誉、自我价值实现的满足感指标来度量（刘馨扬，2019）。这种差额可能导致高管关注晋升激励而减少研发创新的精力投入，降低创新产出。权小锋和吴世农（2010）认为组织内部不同层级的薪酬差额是经理人提升个人职业地位、增加自我贡献重要激励因素。巩娜、刘清源（2015）以非国有企业为样本，发现薪酬差距提升了高管的风险承担水平，管理人数以及控股股东持股比例会抑制创新投入，薪酬差距提升了高管提高企业研发支出。吕巍、张书凯（2015）选取创业板和中小板的企业为研究对象，发现前一期高管薪酬差距和当期研发强度显著负相关，说明薪酬差距越大，高管感受越不公平，从而影响管理层的团结合作，使新政策、决定难以通过执行。所以薪酬差距可能会降低企业投入创新积极性，导致企业创新绩效低下。周晓佩（2016）发现特定制造业不同层级高管间薪酬差距与企业创新绩效呈倒"U"形关系，薪酬差距使高管感受不公平，薪酬差距过大，会对高管投资高风险的研发起到抑制作用。

（2）控制权激励体现在更高层职位赋予的权力带来的利益和精神满足感。精神激励是被外部认可的良好声誉、更广阔就职空间。权小锋和吴世农（2010）用是否在其他企业兼职来衡量高管控制权强度。马连福和刘丽颖（2013）以企业高管获得四大媒体（CCTV 中国经济年度人物、《财富》中国最具影响力 25 位商业领袖、《世界经理人》中国经济年度风云人物、《福布斯》各种排行榜）肯定来衡量外部声誉激励，分析得出声誉激励能够有效提高代理效率、提升公司绩效。高管的权力对公司的日常经营有决定性的导向作用。高管的权力越大、影响力够广，就越能够抵御企业内外部的经营风险，对于企业保持经营业绩的稳定有着促进作用。权力越大，在分配资源、做出决策时所受的阻力越小，投资创新活动的意愿越强。权小锋（2010）指出高管的权力一方面会提升企业业绩，但另一方面会提升公司的经营风险，因为独揽大权的高管受到的外部监督较弱，难以对其行为有及时的纠正。

（3）隐性激励体现在更高职位带来的更大的在职消费金额。在职消费大多是拓展公司业务、进行商业谈判、职业培训、战略会议和经营决策、提高工作效率、提升公司形象产生的费用。陈冬华（2010）发现市场化指数越高地区，在职消费绝对量更多，但货币薪酬替代在职消费契约，发挥了更大的作用。徐宁和徐向艺（2012）发现在职消费有双重性，与企业创新投入和产出之间非线性关系，在极值点之后在职消费的激励作用从积极作用转化为消极作用。因为货币薪酬没有指定用途，而在职消费却只能用于特定用途，因此这只是产权的不完整激励。

3. 高管的激励变量与创新分析

本章选择 A 股高新技术行业 2006～2017 年实施股权激励的企业为样本，涉及证监会 2012 年行业分类标准为高新技术行业的 13 个行业，剔除 ST、*ST股票、主变量缺失数据的样本，最终样本数量为 951 个。财务数据从国泰安数据库导出，申请专利数量数据来自大为专利搜索引擎数据库。使用 Stata 进行统计和回归分析。其中权力变量包括：组织权力（兼任董事长、是否内部董事），专家权力（有较高职称、任职年限够长否），所有权权力（有本公司股权、机构持股比），声誉权力（是否有高学历、是否在本企业外兼职）。其他变量和计算公式及参考出处见表 4-11。

表 4-11　　　　　　　　　　高管的激励变量汇总

类型	名称	变量定义	变量公式	参考来源
因变量	RDI	研发强度	研发费用支出/营业收入总额	唐清泉（2009）
	RDA	研发密度	研发费用支出/总资产	孙菁（2016）
	PAT	申请专利增加量	（当年申请数 - 前一年申请数）/前一年申请数	刘端（2018）
自变量	money	高管年终货币薪酬	ln（money）	王玉霞（2019）
	share	年终股权报酬	ln（年终持股总数×年末股票收盘价）	王玉霞（2019）
	expense	高管在职消费	ln（办公费 + 差旅费 + 会费 + 招待费 + 培训费）	陈冬华（2010）
	gap	前三名高管报酬与其余高管相对差距	ln（前三名高管年终报酬/3）/［高管报酬总额 - 前三名高管报酬总额］/（领报酬高管总数 -3）	基尼和威廉姆斯（Kini and Williams, 2012）
	power	组织权、专家权、所有权、声誉权	八个虚拟变量相加求均值，范围为 [0，1]，所有指标等权处理	权小锋和吴世农（2010）
控制变量	size	企业资产总额	ln（total assets）	CSMAR
	lev	资产负债率	总负债/总资产	CSMAR
	tobinQ	托宾 Q	总市值/总资产	CSMAR
	top10	前十大股东持股比	前十大股东持股数/总股数	CSMAR
	nature	企业性质	国有企业 =1，非国有 =0	CSMAR

结合各种高管不同类型的激励的假说，探索其对研发投入和创新的影响，回归结果见表 4-12。

表 4 – 12　　　　　　　　　　　高管不同激励对创新影响分析

变量	RDI	RDA	PAT	RDI	RDA	PAT
货币薪酬	0.29 ***	0.01 ***	0.70	0.20 ***	0.01 ***	0.19
股权报酬	0.05 ***	0.01 *	0.48 ***	0.05 ***	0.01 ***	0.46 ***
在职消费	—	—	—	0.40 ***	0.01 ***	0.13
权力	—	—	—	0.31 ***	0.01 ***	2.59 *
薪酬差距	—	—	—	– 0.01	– 0.01 *	– 0.01
控制变量	控制	控制	控制	控制	控制	控制
N	951	951	951	951	951	951
F	93.11	32.67	8.32	72.09	26.47	6.35
R^2	0.40	0.19	0.08	0.43	0.21	0.09

资料来源：Stata 输出。

　　高管的前两项显性激励促进企业的创新活动假说得到验证。其中货币薪酬和股权薪酬能够显著提升创新研发和专利绩效，短期货币激励与长期股权激励可以促使高管与股东利益趋同，激励高管团队可增加企业研发投入占总资产和销售收入的比重，从长远角度出发支持企业投入创新活动。与表 4 – 8和图 4 – 9 的结论基本一致。货币薪酬作为短期激励对于企业研发投入的提升作用显著，货币薪酬对当年与前一年的专利申请数量的创新作用不显著。而股权薪酬的长期激励效果得以体现，其对研发活动产出的贡献不亚于其对研发投入的贡献效果，股权薪酬可以使专利申请数量显著增加。长期股权激励对于创新投入和产出的增加都有显著的效果，而短期货币激励更有利于研发的增加。

　　隐性激励假说方面。管理层内部的薪酬差距明显抑制研发密度和研发强度。薪酬差距会削弱高管创新积极性，部分高管会保护自身利益阻碍高风险研发投资决策，研发投入因而下降。对于中国发明专利申请数量的增加没有明显的影响。在职消费对企业研发投资活动在 1% 的显著性水平下均呈正相关关系。在职消费和显性薪酬承担类似的激励作用。在职消费对于企业研发投入的调动作用大于货币薪酬。高管个人的权力显著影响研发活动。说明在四个维度衡量下的高管权力越高，在企业内外的影响力越高，对于研发活动就越重视。

　　公司的规模、杠杆率和成长性与研发活动的关系十分紧密。规模大的企业越有能力进行研发活动，企业高管会拥有更多的资源和资金支持投入研发活动中。资本规模较大，承担风险的能力也较强；企业规模大，研发活动的成功率会更高。资产负债率抑制研发活动。资产负债率的升高会使债权人限制企业资金用途，高管则更倾向于关注日常经营活动对利润率的提高，研发活动大多需要费用化，无法立即产生经济利益；企业负债较多时，高管负有更多的责任提高利润以偿还负债，债权人也会约束高管进行高风险投资。成长性高的企业发展潜力较好，吸引外部资金能力强，获得的研发资金支持越多，相应地，成功申请专利的可能性也会上升。

4. 两种激励交互影响的创新作用

通常来说，企业显性激励制度比较完善，尤其是货币薪酬体系。而隐性激励通常没有明确的规章制度规范，依附于管理者职业地位和显性激励。隐性激励中的晋升激励是由总报酬的差异派生而来，控制权激励中的在职消费是货币薪酬的衍生激励。权力大小对于分配企业资源有着决定性的作用。高管的控制权越大，受外部制约的力量越弱，受到监督更少，有可能产生更多的在职消费。高管在享受在职消费时可有效减少个人的开支，如公司为高管支付往返商业谈判过程中的交通费则可以减少高管个人的消费支出（刘馨扬，2019）。因此，在分别考虑显性激励和隐性激励的作用时，还需考量隐性激励对显性激励的调节作用。具体作用见表4-13。

表4-13 多种激励的交互作用分析

变量	RDI	RDA	PAT	RDI	RDA	PAT	RDI	RDA	PAT
money + share（显性激励）	0.06 ***	0.01 ***	0.41 *	0.16	-0.01 ***	3.25 ***	0.05	0.01	1.25 ***
Gap（薪酬差距）	0.32 ***	0.01	-0.01 **	—	—	—	—	—	—
(money + share) × gap	-0.01 **	-0.01	-0.01 **	—	—	—	—	—	—
Expense（在职消费）	—	—	—	0.62 *	-0.01	3.03 ***	—	—	—
(money + share) × expense	—	—	—	-0.01	0.01 ***	0.20 ***	—	—	—
Power（权力）	—	—	—	—	—	—	-0.81	-0.04	0.14
(money + share) × power	—	—	—	—	—	—	0.03	0.01	0.03 ***
控制变量	控制	控制	控制	控制	控制	控制	控制	控制	控制
F	88.59	26.61	7.13	88.39	31.65	17.19	41.20	26.51	8.55
R^2	0.43	0.18	0.08	0.42	0.20	0.17	0.40	0.18	0.+09

资料来源：Stata 输出。

通过回归结果比较可有以下结论。（1）显性激励与薪酬差距的交互作用显著抑制创新产出。在高管激励的调节作用中，薪酬差距越大，显性激励对于创新产出的促进力度反而有所下降，进一步证实因为薪酬差距过大会引起高管的不公平心理，从而可能影响高管团队的协作，使显性激励对创新活动的正面影响受到抑制。而从其他变量数据来看，总水平的显性激励与创新活动之间的关系仍为显著的正相关关系。（2）在职消费总体上加大了高管的显性激励作用。在职消费的增加对于总的显性激励水平的效用有着正向的调节作用，即在职消费与总显性激励水平存在协同效应。一般来讲，随不同等级契约约定的薪酬体系，其对应的在职消费和管理成本也会随之变化，因此二者应该是相辅相成的关系。（3）经理的权力对总显性激励的调节作用在统计意义上不显著，在创新产出方面二者存在一定协同效应。高管权力提高对于企业做出增加研发投入的决策有不是很显著的抑制作用，说明高管权力集中情况下，对创新的投资决策不利。但有可能提升企业创新产出。此外，控制变量与创新活动绩效的相关关系与前面验证的结论一致，显著性水平也未发生明显变化。

由于实施股权激励对于企业创新产出的影响存在滞后性，从经济意义上来说，企业投入研发活动后，通常在一年后可以取得回报，实施股权激励后也在一年之后带来经济利益的流入。因此本章选择实施股权激励后一期专利申请与当期专利申请量增长率以及滞后一期研发投入加入稳健性检验，发现相关系数的正负未发生变化，显著性水平未发生明显变化，滞后一期专利申请增加率与薪酬差距和在职消费显著相关。说明实证结果较为可靠。

4.3.5　小结

在公司治理层面分析自主研发创新的影响因素可以看出，股权过于集中将不利于创业板上市公司的自主研发决策，适度的集中提高了创新决策效率。董事会治理结构对不同规模和成长性企业有不同影响，甚至还会对公司其他的治理因素产生影响，但是整体来看，董事会规模、独立董事会对样本数据的创新抑制效果比较显著，但是两职合一对自主研发决策的影响则和企业的具体情况相关。高管薪酬激励带来的利益趋同效应会显著刺激自主研发决策；此外，股权激励的确会对自主研发决策产生积极影响，但是其影响程度会受到公司其他治理因素的干扰，与不同的治理因素组合会产生不同的效果；不同规模、不同发展能力的公司有不同的公司治理需求，因此，要立足自身的基本情况，合理选择适合本公司的治理结构，而不要一味地照搬其他企业的成功经验。

在具体治理层面的高管各种激励方面，货币薪酬和股权薪酬对于企业研发投入的增加都有着一定的提升效果，其中货币薪酬的激励效果与股权薪酬的激励效果不同。从创新产出的角度考虑，股权薪酬作为一种长期激励显著影响创新效果，更能够使管理者和股东实现利益趋同，管理者被授予股权后对于研发活动的管理更加严格，从而提高研发活动产出的成果，使实施股权激励当年的专利申请数量较前一年有所上升。

在影响机制检验中，显性激励和隐性激励政策对于企业的研发活动和创新业绩有着不可忽视的作用。显性激励与隐性激励的交互影响的研究中，说明薪酬差距对于总显著性激励水平的效用有着抑制作用，而在职消费和总经理权力均有着积极的促进作用。较大的薪酬差距使高管感受到不被公平对待，从而削弱了高管对于创新活动的激情。在进行相关决策时，高管之间出于各自利益考量，互相牵制，使得研发投资的费用被削减，研发活动的效率下降。高管自身的组织权力、所有权权力、专家权力和声望权力越高，其考虑问题越长远，经验越丰富。对企业的创新绩效有着类似的促进作用，对于投资决策的判断更加准确，对于研发活动的管理也更为细致、严格，因此高管的综合权力测度对于企业的研发活动有着积极的意义。

从企业角度来说，完善或调整公司治理结构时，应该综合考虑对企业自主研发决策影响，根据企业目前的经营情况及未来发展方向，对管理者实施薪酬激励、引入更多的外部独立董事并强化他们对企业自主研发决策的促进效应；对不同治理要素进行深入分析，调整股权集中度的合理区间，减少其对自主研发决策的抑制作用。对高管的激励政策不仅需要考虑高管自身的经济利益，还要考虑高管的精神方面激励。对于能够提升企业创新绩效的因素，要制定合理的契约，从短期和长期对高管进行激励，合理分配高管的货币薪酬和股权薪酬带来的创新总收益。企业需要制定相关的政策来规范高管的在职消费行为，规范在职消费等契约之外的隐性经济利益。平衡各个高管之间的总激励水平之间的差异，维持高管团队内部分配的相对公平性，提升高管投入企业创新的积极性。由于高新技术行业的创新绩效和长期发展有赖于高管的经营决策和管理以及技术人员的投入，因此应从多个角度出发考察和综合评价高管团队的能力。

从政府角度来说，可从财税方面入手，对实施股权激励、优化治理结构、提升创新能力的企业给予财政支撑。股权激励收入和研发创新投入产出的企业税收抵减，完善相应的法律法规，对企业创新相关行为进行规范，以提升企业活力。

4.4
高管特质与创新

高管作为企业的重要创新资源，备受研究者关注，高管团队（Top Management Team，TMT）的群体特质和异质性对企业创新决策具有不同的影响。高管学历、专业能力等越强，研发管理能力更强，研发投资方向判断更准确，申请专利数量增加。高管人力资本与个人财富与企业的联系紧密，使高管的长期利益与股东趋同，高管也更倾向于从企业长远发展角度考虑进行日常经营、投资活动的管理。从高管个人的素养、风险偏好、专业、学识等方面研究其对创新决策的关系，引发了研究者关注的各种假说。

"高管阅历假说"与 TMT 经历经验和年龄和任职期限有关。高管的工作经历和管理经验会给企业带来各个方面的利益，社会关系广泛的高管可能拓展企业不同的收入来源，通过"干中学"带来的技能提升了创新的意识。学历与专业水准越高，其对于形势的判断越准确，高管更能够了解企业的长期稳定发展、拥有核心竞争力、取得竞争中的优势地位为企业带来长久的经济利益，也更敢于对风险较高的研发活动进行投资。

"高管团队梯队假说"为有关高管特质对企业创新作用的提供了研究依

据。高管异质性主要有两方面：一种观点认为高管异质性有助于信息收集、甄别和解释，认知多样性改进决策质量进而提高创新绩效。另一种观点认为高管异质性会增加沟通障碍，降低团队凝聚力以致减少创新（金玲，2018）。

基于上述假说，本节注重解剖高管团队的具体特征和异质性对创新投入和产出的相应影响和作用机理。

4.4.1　高管特质与创新假说

影响创新的高管特质主要包括特征与异质性两个维度。从统计的平均意义方面来讲，TMT 特征方面包括高管平均年龄、平均任期期限、平均教育水平、高管团队人数等。从统计的差异度方面来讲，高管异质性是指高管成员之间由于不同年龄、经历等所产生的对于事物的认知和观念的差异，主要包括高管年龄异质性、任职年限异质性、教育水平异质性、专业背景异质性（郝清民、孙雪，2015）。在一定程度上，TMT 异质性能够拓宽整个团队的视野，提高其识别和处理整合信息能力，察觉未来的机会与风险，并最终影响企业战略创新决策。另一方面，高管异质性导致管理层的知识不一致、信息不对称、意见不统一有可能降低创新决策效率，从而影响研发决策和创新绩效。

1. 创新的高管自身阅历假说

结合知识和能力理论，高管的学习经历和工作经验与其年龄有关。当高管团队中成员的年龄相似时，更容易达成一致意见。若 TMT 成员年龄差异较大，则更容易出现创新性想法。刘运国和刘雯（2006）发现，高管任期越长，企业研究开发支出费用越多，即两者呈正相关关系。吴家喜和吴贵生（2008）认为年轻的高管更容易对研发等创新产生兴趣，年长的高管对新鲜事物的接受能力和对项目的投资分析能力相对减弱，更倾向于保持现状。高管任期对企业创新战略实施具有积极的作用。任职期限越长，越容易洞悉企业生产运作问题和改进地方，利于创新。陈忠卫和常极（2009）发现年龄异质性与公司绩效是显著正相关的。高管成员任期时间差异越大，对于公司的创新投入所带来的收益的认知越不同，丰富而具有前瞻性的创新想法就会越多。朱国军和吴价宝（2013）认为高管任期异质性有利于提高企业创新技术绩效。

2. 创新的高管技术素质假说

高管的教育水平和教育异质性对企业创新活动的影响可以从多个角度分析，为企业的创新决策提供多样的思路和方案。相对而言，受教育水平越高，对于各类信息的识别和整合能力也就越高，对于信息有更强的察觉能力，也更加愿意接受新事物，保持持续的学习和探索动力，更积极主动投入创新（Tihanyi，2000）。学历高的 TMT 对创新活动持有乐观积极的态度，努力推进创新性的方案，反之，学历低的 TMT 创新精神较缺乏，喜欢维系现有的企业状态，不喜欢突破现状，凭借以往的经验管理企业（Carmen，2005）。董事会成员中博士和硕士学位的董事与企业绩效有正相关关系，本科和专科对绩效没有显著的相关性，董事教育水平显著提高企业绩效（Lina and Pengchao，2011）。当高管受教育程度差异化较大时，高管团队的不同知识基础有利于从更多层次、角度出发对创新投入的可行性进行分析，通过头脑风暴产生更多的创新点。另外，TMT 的专业背景对于认知也起着至关重要的作用。高管接受专业知识不同，对创新态度也不同，尤其有生产、技术和营销等专业背景的高管倾向于加大创新研发投入（金玲，2018）。

3. 创新的高管团队结构假说

TMT 有平均意义上的各种特征，也会有差异度方面的结构特征。TMT 成员越多，信息获取和整合的渠道和方式越多，所掌握资源越多，越能更好地应用头脑风暴效果，一定程度上有利于创新。高管特质中的年龄、任期和教育水平有显著创新激励作用，尤其是在高科技类或非国有企业中更明显；专业异质性在非科技和非国企中创新激励作用显著，任期异质性导致公司风险加剧，年龄异质性则有利于分散创新风险（郝清民、孙雪，2015）。

在不同的行业，高管激励对高管特征与绩效之间的关系具有调节作用。何霞（2012）研究了 105 家高科技企业在高管的激励、TMT 特征与企业 R&D 投入关系，指出高管的股权激励和晋升激励对企业的研发投入带来重要的作用。朱晋伟等（2014）研究信息技术行业和生物行业高管激励对 TMT 同质性与异质性与创新之间的调节作用，发现股权激励积极正向影响任期与创新绩效，薪酬激励在年龄和教育水平的同质性上显著作用创新绩效。王小宁

（2017）发现 709 家制造业企业高管激励对 TMT 特征与企业创新绩效有影响，对高管进行股权激励对 TMT 年龄、任期积极影响创新绩效，但是高管薪酬激励和股权激励对 TMT 的学历背景与创新绩效的关系不能起调解作用。在高科技企业，加强薪酬激励显著提高高管对创新的研发积极程度与企业绩效（马艳艳等，2016）

4.4.2　高管特质变量与创新分析

为了检验高管特质与创新之间的关系，本节的变量选取参考了王德应和刘渐和（2011）的方法。创新绩效指标分为三大类，即创新活动的投入、过程和产出。创新活动的投入主要是指研发费用的投入，包括研发费用占营业收入比例、研发费用占总资产比例、研发人员占总员工比例等。创新产出可以用专利数、新产品、新工艺、新项目等来衡量。本节采用每个企业每年新增的专利数为样本，由于申请专利需 1~3 年时间才能被授权，因此选用每年专利申请数来衡量高科技企业创新产出。用研发投入占营业收入比例作为创新活动的投入即研发投入强度，对创新绩效进行衡量。专利数是商业化的结果，研发投入占营业收入比例则是商业化前的投入，两者可以对创新绩效进行更加全面的研究。变量具体取值方法见表 4-14。

表 4-14　　　　　　　　　　高管特质变量定义

变量类别	变量名称	变量取值方法说明
因变量	专利数 pat	Ln（每年专利申请数 +1）
	无形资产	Ln（企业无形资产总数）
	研发强度 RDI	研发费用/营业收入
	创新投入 HRD	企业技术人员人数占公司总人数比例
自变量	平均年龄 age	高管团队年龄的平均值
	年龄异质性 hage	年龄变异系数 = 年龄标准差/年龄均值
	平均任期 term	披露的任职结束日期与开始日期时间差，以月为单位
	任期异质性 hterm	任期变异系数 = 任期标准差/任期均值
	教育水平均值 edu	高中及以下1，专科2，本科3，硕士4，博士5，然后加总求平均值

续表

变量类别	变量名称	变量取值方法说明
自变量	教育异质性 hedu	Herfindahl 系数：$H = 1 - \sum p_i^2$。p_i 指具有 i 种教育水平成员占高管团队比例
	专业异质性 hspe	专业分 3 类并赋值：1. 理工类 2. 经济管理类 3. 其他。异质性公式计算同上
	董事会结构 Stru	独董人数/董事会总人数
	高管团队规模 Tsize	高管团队总人数表示高管团队规模
	股权激励 stock	股权激励是按 TMT 持股总数占总股本的比例来计算
	薪酬激励 salary	薪酬激励则是按高管团队的平均薪酬取对数
控制变量	企业杠杆 lev	财务报表披露的企业资产负债率表示
	企业年龄 age	企业注册成立年数到年报披露时间
	企业规模 size	企业总资产对数
	所有权性质 pro	当公司为非国有企业时，取值为 1，否则为 0
	高新技术行业 ht	属于高新技术行业时取值为 1，否则为 0

解释变量是高管特质与高管激励。其中高管教育特征是通过高管平均受教育程度和教育异质性来衡量的，将高管受教育程度从低到高分为五个层次并赋值，将中专及中专以下学历、大专学历、本科学历、硕士学历、博士及博士后学历，各按 1、2、3、4、5 进行赋值。平均受教育水平指的是企业所有高管学历的算术平均数；衡量教育异质性则采用 Herfindal 指数（Blau，1977），公式为 $H = 1 - \sum_{i=1}^{n} P_i^2$。其中 P_i 是高管团队中第 i 类高管成员占总人数的比例，i 的取值范围是 1~5 之间的整数。H 值取值范围在 0~1，当 H 值越靠近 0，表示 TMT 受教育程度越相近；H 值越靠近 1，就表示 TMT 受教育程度的差异性极大。高管激励机制分股权激励和薪酬激励。股权激励是按 TMT 持股总数占总股本的比例来计算，薪酬激励则是按高管团队的平均薪酬取对数衡量的。

本节选取沪深两市 2012~2016 年上市公司中证监会认定的高科技公司，行业为电子、信息服务与信息设备、医药生物，剔除数据严重缺乏、信息披露不完整、ST 等公司。最后选出 154 家高科技企业，770 个数据样本。

本节的企业研发强度、高管教育特征、高管团队规模、董事会结构、高管年龄特征通过分析每个公司的年度报表手工收集，缺失的数据通过 Wind 数据库进行了补充。高管持股比例、高管薪酬来自锐思数据库。企业成立年份、企业规模、股权集中度、资本结构、盈利能力是通过国泰安数据库收集的。具体数据特质和描述统计相关分析略。

1. 高管特质与技术人员比例

选择企业技术人员人数占公司总人数比例作为创新投入，样本 374 个，回归结果见表 4 - 15。

表 4 - 15　　　　　高管特质与技术人才 HRD 回归分析结果

变量	全部样本	高科技	非高科技	国有	非国有
平均年龄	− 0.002	− 0.013 **	0.006 *	0.005	− 0.003
年龄异质	0.020	0.028	0.002	0.013	0.022
平均任期	0.001 *	0.002	0.001	0.002	0.001 *
任期异质	− 0.003	− 0.006	− 0.002	− 0.003	− 0.003
教育平均	0.064 **	0.128 **	0.025	0.091	0.064 **
教育异质	− 0.298 **	− 0.452 **	− 0.027	− 0.144	− 0.291 **
专业异质	0.220 ***	0.185	0.184 ***	0.256	0.217 ***
高管团队规模	0.010 ***	0.014 *	0.009 **	0.017 **	0.010 **
控制变量	控制	控制	控制	控制	控制
R^2	0.281	0.228	0.131	0.573	0.258
F 统计	15.014	4.808	4.077	4.751	12.938
DW 统计	2.014	2.136	1.937	2.481	1.979
样本量	473	191	282	51	422

资料来源：Stata 统计输出。

首先，仅对企业规模、成立年限作控制变量进行回归建立参照组。发现企业规模和成立年限与创新投入均呈现负相关关系。说明中小型企业比大型企业重视创新投入，企业成立年限越长，越疏于创新投入。行业性质与企业创新投入相关，根据回归结果可知，企业若为高新行业，则该企业倾向于创新行为。

其次，以全部样本对所有指标进行回归。发现参照组 R^2 从 0.19 提高到 0.28，说明高管特质变量的加入增强了模型的解释力，即高管特质对企业技术创新的影响是显著的，验证了"高管技术素质假说"。创新人才投入与高管平均年龄、企业年龄、企业规模显著负相关。即企业成立时间越长、企业规模越大、高管年龄越长，相对来说更趋向稳定发展，对创新性投入相对关注较少。创新投入与高管平均任职期限、高管平均教育水平、高管专业异质性以及高管团队规模呈正相关关系，而与高管年龄异质性、高管团队任期异质性的关系并不显著。高管团队成员任职期限越长、教育水平越高，越容易采取创新举措。另外，高管专业差异化越大，高管团队规模越大，越容易促进创新行为的发生。

再次，高科技型企业和非高科技型企业分别回归。在不同行业，高管特质对于企业创新投入差别很大。在高科技行业中，高管团队年龄与技术人员占总员工人数的比例呈反比，此类企业中年轻技术人员对创新推动具有优势，年龄越大在技术人员占总员工人数比例中人数越少，没有验证"高管经历假说"；而平均教育水平与创新呈显著正相关关系，教育水平异质性则作用相反，这两个因素在非高科技企业中影响不显著，高管专业异质性对于非高科技型企业的创新具有更大推动作用，对于高科技型企业则不显著。说明高科技型企业往往具有更强的专业性，具有技术门槛效应，需要拥有较高技能的高精尖人才。相对来说，非高科技型企业则需要多方面的人才，利用专业的多元化推动创新。

最后，国有和非国有样本，发现高管特质在非国有企业比国有企业对技术创新的影响力强，国有企业创新投入仅与高管团队规模正相关，和控制变量企业规模呈显著的负相关关系。而在非国有企业中，企业技术创新水平除了与高管年龄及其异质性以及高管任期异质性没有显著关系外，与其他变量关系均比较显著。

2. 高管特质与无形资产

以无形资产总数取对数作为创新因变量进行的回归，样本量 463 个。当以无形资产总数作为因变量时，高管特质对其影响基本上都是不显著的，如表 4 - 16 所示。

表 4 - 16　　　　　　　高管特质与无形资产总数回归分析

变量	全部样本	高科技	非高科技	国有	非国有
平均年龄	- 0.001	- 0.004	0.000	- 0.018 ***	3.5E - 6
年龄异质	0.004	0.019	- 0.009	- 0.021	0.007
平均任期	0.000	0.001	0.000	4.3E - 5	0.000
任期异质	- 0.002	- 0.003	- 0.001	- 0.004	- 0.002
教育平均	0.026	0.002	0.036 **	0.089	0.021
教育异质	0.012	- 0.015	0.020	0.209	- 0.043
专业异质	0.075 *	0.008	0.114 **	0.353	0.058
TMT 规模	0.004 *	0.001	0.006 **	0.004	0.004
控制变量	控制	控制	控制	控制	控制
R^2	0.114	0.090	0.122	0.433	0.118
F 统计	4.835	1.558	3.370	2.703	4.880
DW 统计	1.884	1.889	1.914	2.825	1.870
样本量	463	185	278	51	412

资料来源：Stata 统计输出。

表 4 - 16 的结果说明无形资产包含的会计要素较多，本节的无形资产除去转让土地使用权，在会计科目中包含转让商标权、转让专利权、转让非专利技术、转让著作权、转让商誉等，很难作为精准衡量企业的创新指标。只有非高新企业中，高管团队的专业异质性和团队规模对创新投入有正向影响。从部分显著性来看，与表 4 - 15 的结果一致。因此也相互印证了高管特质的创新效应。

4.4.3　高管素质、激励与创新机制

针对 2012 ~ 2017 年的 154 家高科技企业，770 个数据样本，对高管教育特征、高管激励与创新绩效之间关系的回归结果见表 4 - 17。模型整体拟合度良好，说明选取的变量合理、可靠，回归结果可信。分别以高管团队平均教育水平（edu）、教育异质性（hedu）、年龄及异质性、高管股权激励

（stock）、高管薪酬激励（salary）和控制变量对创新投入（RD）和产出
（Pat）为核心创新变量的实证结果。

表 4 – 17　　　　　　高管教育特征、激励与创新绩效的回归结果

变量	RDI	RDI	RDI	pat	pat	pat
edu	0.03 *** (4.00)	0.03 *** (3.98)	0.02 *** (2.91)	23.70 *** (2.75)	23.31 *** (2.70)	17.13 * (1.94)
hedu	− 0.04 ** (− 2.00)	− 0.04 ** (− 2.05)	− 0.05 *** (− 2.60)	8.20 (0.40)	0.84 (0.04)	− 0.76 (− 0.04)
age	− 0.00 ** (− 2.38)	− 0.00 ** (− 2.16)	− 0.00 *** (− 2.60)	0.13 (0.15)	0.59 (0.65)	0.00 (0.00)
hage	− 0.00 ** (− 2.30)	− 0.00 ** (− 2.29)	− 0.00 ** (− 2.40)	1.85 (1.61)	1.89 * (1.65)	1.79 (1.57)
stock	— —	0.01 (0.47)	— —	— —	29.10 * (1.84)	— —
salary	— —	— —	0.00 *** (4.49)	— —	— —	0.56 *** (3.27)
term	0.01 *** (5.05)	0.01 *** (4.92)	0.01 *** (5.00)	4.46 ** (2.35)	3.94 ** (2.05)	4.32 ** (2.29)
tsize	0.00 *** (2.97)	0.00 *** (2.99)	0.00 *** (3.22)	5.06 *** (6.80)	5.12 *** (6.88)	5.18 *** (6.99)
控制变量	控制	控制	控制	控制	控制	控制
样本	924	924	924	924	924	924
R^2	0.19	0.19	0.21	0.13	0.13	0.14
F 检验	19.93	18.28	20.33	12.24	11.53	12.23

资料来源：Stata 统计输出。

从表 4 – 17 可以看出，高管的平均教育水平与创新的投入和产出有显著
的关系，与表 4 – 15 的不同因变量结果基本一致。验证了"高管技术素质假
说"。TMT 平均教育水平与研发强度的关系是正相关。TMT 平均教育水平越
高，企业的创新产出能力越强，专利越多。TMT 平均教育程度对创新绩效
有促进作用，表明受教育程度高的人，更容易面对复杂的创新环境。TMT
教育异质性与研发投入占比是负相关关系，在 5% 的水平下的显著。说明在

高科技企业，TMT 教育异质性越大越不利于创新研发，TMT 教育异质性越大，越容易产生技术争议，在观点上很难保持一致。而教育异质性对专利的作用不显著，与表 4－15 结果一致，说明采用不同的数据指标，结论基本一致。

"高管阅历假说"方面，高管平均年龄、高管年龄异质性与研发强度显著负相关。TMT 平均年龄与研发投入强度是负相关关系，这说明高管的年龄越小，对企业技术创新的态度越积极，致力于提高创新绩效，说明越年轻的高管，越愿意投入冒险程度高的研发活动。同样，年龄差异度过大，使得研发决策不容易达成一致，降低了研发决策的程度。另外在专利方面，年龄以及异质性的影响不显著。高管的平均任期与创新绩效的投入有显著的正相关关系，说明 TMT 高管任期越长，高管倾向于长期规划，增加研发投入的费用，重视技术创新专利发明，为企业的持续发展做准备。这一结论与过去的研究一致。

"高管的团队结构假说"方面，与创新绩效显著相关的变量有高管团队规模和高管任期与创新绩效的投入和产出明显的正相关，这说明团队规模大，"众人拾柴火焰高"，有利于创新绩效的提高，与表 4－15 结论一致。同时任期稳定有利于激励 TMT 高管长期进行创新规划，与长期股权激励达到一致的创新激励作用。

高管的薪酬激励对创新投入产出绩效显著正相关，尤其是在 1% 的显著性水平下，高管薪酬激励对专利申请数和研发投入强度显著正相关，说明在高科技企业提高高管的薪酬激励水平可以加强企业的创新投入和产出绩效。但是，股权激励只与创新绩效的产出显著正相关，说明增加 TMT 股权激励长期激励有利于企业创新产出绩效的提高。股权激励对创新绩效的研发强度无明显的关系，与表 4－8 中的薪酬激励比股权激励对研发作用大的结论一致。

为了进一步分析股权结构差异对高管的干预程度，本节将股权集中度分为高低两类，分析不同股权集中度下与全样本下高管素质与激励对创新的影响。结果汇总如表 4－18。

表 4 – 18　　　　　　　　　按股权集中度分类与全样本比较之下创新绩效

全样本	高股权集中度样本				低股权集中度样本			
	自变量	因变量	创新绩效		自变量	因变量	创新绩效	
+ ***	edu	Pat	不显著	不显著	edu	Pat	不显著	+ ***
		RDI	不显著			RDI	+ ***	
– ***	hedu	Pat	不显著	– ***	hedu	Pat	+ ***	+ ***
		RDI	– ***			RDI	不显著	
+ ***	Stock	Pat	+ ***	+ ***	Stock	Pat	不显著	– ***
		RDI	+ ***			RDI	– ***	
+ ***	Salary	Pat	不显著	+ ***	Salary	Pat	+ ***	+ ***
		RDI	+ ***			RDI	不显著	

注："+ 和 –"分别指代正相关和负相关，*** 表示在 1% 的水平上显著。

把企业股权集中度划分为高、低程度，进一步做回归分析。相比全体样本，高管的教育特征对企业的创新绩效的正相关。（1）高股权集中度情况下，高管的教育及其异质性对企业创新的研发投入强度和专利产出不显著。只有在高股权集中度下，教育异质性对研发决策具有负向关系，说明 TMT 的教育异质性不利于达成一致意见，不利研发投资进行集中决策；在高股权集中下，股东干预降低了 TMT 的决策力度。（2）在低股权集中度情况下，高管团队的教育异质性与企业的研发投入强度显著正相关。这表明，在低股权集中度的企业中，TMT 的研发决策受到股东的掣肘较少，且教育异质性提高，TMT 的知识异质性具有交相辉映的作用，更加有利于提高企业的专利申请。在股权分散的企业，高管团队的教育差异越大越有利于创新绩效的提高，使高管在多元化的平台，从不同角度发表观点，积极应对技术创新程度。高管的教育异质性与企业专利数具有显著的正相关关系。这一结果与肖挺（2013）的研究相符合。即在低股权集中度下，高管的教育特征与创新绩效的关系是显著的正相关关系。而在高股权集中度下，高管决策受到股东影响概论较大，同时 TMT 教育异质性难以达到一致意见，对具有风险的研发决策不利。

高管的股权激励对创新的作用方面。（1）在高股权集中度下，高管的股权激励与企业的创新绩效显著正相关。TMT 和股东形成长期利益共同体，委托代理问题降低，TMT 股权激励在股权集中度高的情况下有利于快速进行创新决策，从而对研发和创新产出带来一致提升。（2）在低股权集中度下，高管的股权激励与创新绩效显著负相关，在股权过于分散的时候，高管加强内部控制，对股东的长期利益可以不太顾虑。长期创新专利效果不显著。同时对潜在创新的研发投入也会侵蚀。因此，对企业的控制程度相对弱的股东并不会为了激励高管而拿出较多股权，因为给予高管较多的股权会使高管对企业的控制程度进一步加强，不能维护分散股东的利益。并且在股权分散的企业，高管的权力本来就很高，数量较少的股权激励显然对高管没有太大的吸引力，对提高企业的创新绩效没有太大的影响。这与金玲（2018）的研究结果接近。企业的股权集中度越低，高管股权激励与创新绩效之间正相关关系越不明显。

高管 TMT 薪酬激励对企业的研发投入强度和创新绩效的产出带来了积极的影响。高股权集中度越高，高管的薪酬激励对研发投资起到显著的促进作用。TMT 和股东利益一致化，决策统一化程度越高。研发投入的强度是商品化之前的创新绩效指标，因此在二者一致情况下，研发决策越容易达成一致意见，促进创新的发展。在低股权集中度下，高管的薪酬激励对企业创新产出的影响更显著。高管获得较高的薪酬时，自己的利益与公司的利益趋同。从而对创新产出更关注。企业的股权集中度越低，高管薪酬激励对创新产出之间效果越显著。

4.4.4 高管激励调节下的高管素质与创新

为了进一步探索高管团队在高管激励的调节下，高管素质与企业创新绩效的关系，本节采用薪酬和股权激励作为调节变量，与 TMT 的教育与异质性形成交乘项进行回归分析，见表 4 – 19。

表 4 – 19 高管激励调节下高管素质与创新绩效

变量	Rdsize	RDI	pat	Rdsize	RDI	pat
edu	0.02 ***	0.05 ***	3.57	0.03 ***	0.06 ***	− 54.59 ***
hedu	− 0.06 ***	− 0.08 *	− 7.49	0.01	0.03	− 28.87
stock	0.07	0.21	− 56.80	—	—	—

续表

变量	Rdsize	RDI	pat	Rdsize	RDI	pat
salary	—	—	—	0.01 ***	0.01 ***	−8.59 ***
Edu·stock	−0.02	−0.07	18.46	—	—	—
Hedu·stock	0.04	0.06	31.34	—	—	—
Edu·salary	—	—	—	−0.01 ***	−0.01 ***	2.37 ***
Hedu·salary	—	—	—	−0.00 ***	−0.00	0.92
age	−0.01 **	−0.01 ***	−0.87	−0.01 ***	−0.01 ***	−1.39 *
hage	0.00	−0.01 **	1.00	0.00	−0.01 ***	1.19
tsize	0.01 ***	0.01 **	4.43 ***	0.01 ***	0.01 **	4.41 ***
term	0.00 ***	0.01 ***	2.10	0.00 ***	0.01 ***	2.28
控制变量	控制	控制	控制	控制	控制	控制
样本量	770	770	770	770	770	770
R^2	0.14	0.21	0.18	0.22	0.24	0.23
F	7.83	12.85	10.55	13.15	14.85	13.94

资料来源：Stata 输出。

"高管素质假说"方面，企业的高管团队平均教育特征，在高管股权激励和薪酬激励的调节下，与创新绩效投入均体现出显著的正相关。因此，高管自身素质提高，通过收入体系的激励作用，对创新的投入具有一定积极影响。自身知识体系提升，对研发决策具有积极作用。而高管素质对专利的作用则没有具体定论，与激励措施紧密相关。

在股权激励的调节下，高管的教育异质性与创新绩效的投入显著负相关。在股权激励交互作用下，与教育均值和异质性的交乘项统计意义不显著。说明股权激励对高管教育异质性与创新绩效之间的相关关系有不显著的降低作用。总体上，股权激励对高管素质对创新的调节作用不显著。因此，寄希望于通过股权激励提升高管的研发创新决策应该谨慎对待。这一点与采用不同数据集合的表 4-10 结果基本一致。应重视高管的培训和素质提升，带来知识的完备，降低知识异质性，对研发项目积极决策，促进创新发展。

在高管薪酬激励的调节下，高管教育特征与创新投入的关系是显著正相关，与专利数创新绩效为负向关系。说明高管薪酬激励的条件下，现实的薪酬吸引力大于高管的创新未来预期。无论是 TMT 教育特征和异质性的薪酬激励交乘项均对创新绩效具有降低作用。

在 TMT 教育异质性较大的企业，高管可以基于不同知识背景，从不同的角度讨论问题，很难达成一致意见，对诸多创新性的方案不能定论。总的来说，高管团队的教育异质性在高管激励的调节下，对企业的创新绩效带来的发展空间有限。

"高管团队结构假说"中，高管的团队规模对企业的创新绩效都有正相关关系，无论是否考虑股权激励还是薪酬激励，团队规模的扩大会有利于创新绩效的提高。TMT 人员增多、知识面扩大，对风险创新的应对会更加自如。因此团队规模对创新具有积极意义。

"高管阅历假说"中，高管的平均年龄对企业的创新绩效产生显著的负相关关系，说明高管的年龄越小，对企业的创新绩效越有利，与表 4-15 结论一致。年龄偏小的高管用积极的态度面对创新，年龄异质性增大，也降低了研发强度，说明老中青结合的团队不一定适用高科技企业的创新发展，反而同龄化的、教育同质化的 TMT 更容易创新。这一点从 TMT 任期一直以来与创新绩效正相关可以看出，TMT 任期是最为重要的素质变量，比教育程度和异质性更为稳定地体现出创新活力。

稳健性检验方面，使用两种方法对实证部分进行检验。（1）采用研发密度（研发费用占总资产的比例）替换研发强度（研发费用占营业收入比）；在其他变量不变的条件下，重新进行回归，结果跟前面结果基本一致。（2）因为我国一半以上的上市企业的第一大股东持有股份是第二大股东的 5 倍以上。因此，用第一大股东的股权集中度替换前五大股东的股权集中度，按第一大股东股权集中度得出的结果与前五大股权集中度的实证结果大致一致，其他的稳健性结果与前文一致。稍微不同的是，高股权集中度的高管平均教育水平对创新及绩效的影响从不显著变为显著正相关关系，显著性增强，说明股权集中创新决策效率提升。在低股权集中度时，高管的教育异质性对创新绩效的影响从显著不相关变为正相关，高管的积极性更高创新效率受到股东影响减弱。总之，结论相对稳健可靠。

4.4.5　小结

本章以沪深两市 6 年的高科技行业企业为样本，对高管特质、高管激励与创新绩效进行了实证检验。并且把高管激励作为调节变量，分析了高管教育特征与创新绩效之间的关系。通过假设和实证检验得出了以下结论。

（1）TMT 特质中的年龄和年龄异质性与创新影响负相关，工作阅历的任期始终对创新有积极作用。支持了"高管阅历假说"。

（2）在对高管教育特征与创新绩效的相关性分析中，高管的教育特征对创新绩效有促进作用，教育异质性与创新绩效显著负相关。即想要提高高科技企业的创新绩效就要提高高管的平均教育水平，并且内部差异性不能太大，内部差异越小越能对企业的创新绩效带来积极的正向作用。说明"高管素质假说"的成立具有限制条件，与高管受到的不同激励有关，与股权集中度有关。

（3）TMT 团队规模假说得到验证，从 TMT 人数的验证看出，不论外部变量如何替换，"高管团队结构假说"始终对创新决策正相关。在规制约定的人数范围内，TMT 人数越多，越有利于公司的创新决策。从任期变量的"高管阅历假说"也可以验证。另外高管 TMT 的专业异质性对创新的积极作用，也可以看出，高管规模伴随着专业知识的多元化，有利于创新绩效，反向验证了"高管团队结构假说"。

（4）高管的激励机制对企业创新绩效的作用，在高管的激励机制的调节下，得出两种结论。即在高科技企业对高管进行股权激励和薪酬激励的程度越高，高管对企业创新活动更积极，可以有效提高企业的创新绩效。高管的股权激励使企业的教育特征与创新绩效的产出从不相关变成了显著的正相关，发挥着很重要的调节作用。股权激励更多将股东和高管利益合并，股权激励越大，越有利于风险较大的研发创新。薪酬激励有利于创新决策，在考虑薪酬调节作用时，对创新有削弱作用。高管的薪酬激励使高管的教育特征与创新绩效的正相关关系更加显著。

（5）通过对高科技企业股权集中度的分类，发现高管教育特征和高管薪酬激励随着企业股权集中度的下降，对企业创新绩效的正相关关系越显著，并且在股权集中度越低的情况下，高管的薪酬激励对高管教育特征与创新绩效之间的正相关关系得到了加强。但是在股权集中度低的情况下，高管的股权激励对企业创新绩效的影响是显著的负相关关系。表明股权集中度越低的企业，高管的股权激励得不到相应的成效，股权越散，股东对企业的控制力越弱，不会用一定量的股权对高管进行激励。并且高管可能已经持有部分股份，对企业的管理和控制上比股东更有优势，较少的股权对高管没有足够的吸引力，不足以对企业的创新绩效带来正向作用。

根据上述相关分析和回归计算，验证相应的假设结果汇总如表 4 – 20 所示。

表 4 – 20   假设与检验结论

相应假说	研究内容	结论	类似文献
高管阅历假说	高管团队平均年龄与创新投入负相关	支持	—
	高管团队年龄异质性与创新投入正相关	部分支撑	吴家喜、吴贵生（2008）
	高管团队平均任期与创新投入正相关	支持	刘运国、刘雯（2006）
	高管团队任期异质性与创新投入正相关	不显著	—
高管素质假说	高管团队平均教育水平与创新投入正相关	支持	Tihanyi（2000）
	高管团队教育水平异质性与创新投入负相关	支持	—
	高管团队专业异质性与创新投入正相关	支持	刘运国、刘雯（2006）
高管团队结构假说	高管团队规模与创新投入正相关	支持	斯利瓦斯塔瓦等（Srivastava et al. , 2005）
激励调节假说	高管团队股权激励对高管素质和创新有调节作用	不支持	—
	高管团队薪酬激励对高管素质和创新有调节作用	支持	—
	股权集中度高，股权激励对创新作用明显	支持	—
	股权集中度低，高管素质激励创新投入	支持	—

注：表中"—"表示根据研究结论，或与其他大多数文献研究不同，或暂时没找到相近结论的文献。

因此，在未来高管团队建设中，可以降低年龄及其异质性作为创新考核指标的比重。更为重要的是考虑经历、阅历的时间。引进高管人才要多注意培养和聘用具有高素质和大视野的人才，更好地发挥企业所拥有创新资源的潜能。高管的教育水平具有一定代表性但是不具有普遍意义。尤其在股权集中度较大时，高科技型企业创新投入受高管教育水平影响更大，非高科技型企业创新更易受教育异质性影响。高新企业需多引进和培养专业化人才，而非高新企业则需注重专业多元化。在 TMT 团队建设中，专业异质性比年龄"老中青"结合的重要性更大。

在团队建设的激励方面，股权激励是创新的双刃剑，有利于股东和高管的利益一致，也有助于高管的内部控制，带来创新的抵消作用；在薪酬激励方面，较高的薪酬激励调节作用可能让高管不思进取，降低未来创新的研发投入。因此高管激励对创新的作用较为复杂，需要综合考量。总之，薪酬激励比股权激励对创新的作用更稳定、更显著。

在上述研究之外，技术创新的诸多影响要素和内生要素中最为重要的是技术人才和科技相关的管理人员，而 TMT 的技术特质和技术人才更密切。因此，技术创新因素研究除了关注技术人才的度量，还要更重视 TMT 的技术和创新等专业素养。科技管理人才的创新影响作用在一定情况下往往比直接的研发专业人才作用更大。对技术人才的引进可以更多关注教育背景、科技经历和知识广度深度等指标，但对技术人才未来形成团队后的科技潜力的评估是复杂的系统工程。对于科技和管理的高管 TMT 的研究逐步受到重视，并被应用到技术创新的研究中，对 TMT 再复杂的定量和定性分析也无法还原科技和管理的双重性，即使有股权激励和分红薪酬，也无法代替 TMT 的心理和行为、社会关系、人力资本与自我实现等方面的作用。这些也始终激励着更多的理论研究者和管理实践者不断深入剖析和研究。

第5章

技术并购要素整合及创新演化

思科系统公司（CISCO）是全球领先的互联网设备和解决方案供应商。1993~2000 年并购了 71 家成长型小企业；2000 年并购 23 家企业并且与多家有实力的 IT 企业结成战略联盟。2004~2005 年两年里并购 24 家企业，随后并购不断。2016 年并购 ContainerX，专注跨数据中心管理协调和集成容器；2.93 亿美元并购 CloudLock，专注云访问安全代理技术；以 2.6 亿美元并购云应用管理解决方案服务商 CliQr，以提供应用程序定义的云编排平台；以 14 亿美元并购物联网平台供应商 Technologies。2017 年并购安全初创公司 Observable Networks，以提供原生云网络取证安全应用；以 6.1 亿美元并购 SD-WAN；以 37 亿美元并购应用程序性能管理解决方案提供商 App Dynamics。2018 年协议收购使用人工智能企业层面构建人与关系数据库 Accompany；以 23.5 亿美元并购互联网安全创业公司 Duo Security，一家通过云提供统一访问安全和多因素身份验证提供商。

思科一边并购一边研发，在整合中创新演化发展。

5.1

技术并购要素整合及创新演化

　　并购产生协同作用的关键是各个要素的整合，包括资源、技术、人才、战略各方面的整合。并购方在并购之后迅速协调双方的战略规划，根据双方资源状况，进行关键要素资源的再分配和融合。创新的效应和结果也是随着要素整合后，资源的聚合效应而逐步滞后显现的（郝清民、任欢欢，2015）。

　　国内外学者在对并购研究方面的共同点：（1）对技术并购影响因素的研究，包括企业内部研发、资源整合、人力资源等因素对企业并购的影响；（2）将企业自主研发等影响因素与企业的并购绩效联系起来研究创新绩效；（3）研究多侧重于微观方面，即以企业为研究对象，从企业的角度考虑并购的影响，认为人力等因素确实能够对企业的并购绩效产生影响，行业不同、企业性质不同，结论差别很大。目前，关于技术并购创新绩效的研究主要集中在以下几个方面。

5.1.1　创新要素与技术并购演化

1. 知识基础理论（KBT）下的并购创新

　　知识基础理论（Knowledge-based Theory，KBT）提出，公司具有的关键性、决定性知识是企业的核心和持续竞争的基础。技术知识基础是用于衡量企业技术发展水平的重要指标。企业的知识水平与科研力度决定了公司的技术知识规模。公司内部的基础知识是公司获取持续竞争优势的源泉，能够为创新绩效带来正向影响，增强对外部知识的吸收和利用。在并购过程中，两个独立知识体系的结合能够带来巨大的规模效应，并购的首选目标技术知识基础很重要，对创新产出有积极的影响（Hussinger，2010；Schön et al.，2009）。

　　战略并购企业的知识类型、知识产权的保护、知识资产的结构以及知识的积累，对提高企业的绩效十分重要。相较于有形资产，企业知识技术积累对企业更重要（Prahalad and Hamel，1994）。在技术并购中，并购双方的技术知识基础在规模上的累计量、双方之间知识基础的比值以企业双方之间是否具有关联等对于判断企业在实施并购行为之后的绩效都有帮助（Ahuja and Katila, 2001）。张铮、聂思（2016）发现目标企业的知识基础绝对规模对并购后创新绩效的影响呈倒"U"形，并购方技术知识的绝对规模正向影响、相对规模负向影响企业并购后的创新绩效；并购双方的技术相关性与企业的创新绩效呈倒"U"形关系。

从产权视角研究企业并购，创造性强的公司其并购动机相对较强，并购公司与目标公司专利技术的交叉性与知识基础对并购双方融合具有显著的积极影响（Bena and Li, 2010）。创新驱动的并购从长远来看对企业而言具有积极的结果。励凌峰、黄培清（2005）指出，企业并购中的协同作用通过无形资产来发挥作用。并购协同效应的主要来源是最重要的无形资产——知识。供应链中的知识整合是企业并购整合成功的关键。知识的融合会随着企业双方供应链中成员的融合而深入，是企业并购行动取得成果的根基。陈通和王辉（2008）证明在高技术企业可以通过内部积累与外部并购的方式实现知识资本的积累。企业并购协同效应的形成依赖于并购获取的外部知识资本，同时将其与企业内部原有的知识资本混合，但是这一过程有导致企业现有资本存量减少与知识资本的负协同效应的风险。因而，企业需要在并购中进行统筹，将企业发展战略与并购结合，全面调整知识资本，减少协同效应风险，实现企业并购价值。魏成龙和张洁梅（2009）从组织学习导向与核心能力的角度，引入核心能力、组织学习导向、知识整合能力及并购整合绩效等，构建并购后知识整合传导模型，指出知识整合能力对企业并购后的整合绩效影响显著，并购双方在并购后进行知识的有效整合是企业提高绩效的重要手段。公司的知识整合能力与组织学习导向及核心能力相关性显著。从并购双方知识积累角度，温成玉、刘志新（2011）发现并购前的技术知识基础对并购后公司创新绩效有显著影响。

综上所述，技术知识基础能够决定公司的科研实力，有较强的目标公司收购能力，对并购双方知识基础的整合能力就越强，在对外部技术知识增强吸收理解的同时，能够为提高公司绩效带来正向影响。在此提出假设：

H5-1：并购公司的知识基础有利于并购后的创新演化。

2. 资源基础理论（RBT）下的并购创新

资源基础理论（Resource-based Theory，RBT）认为企业是由特质不同的各种差异性资源组成的，资源之间的差异性是企业之间竞争差异的来源与基础；相较于企业外部资源，内部资源对于企业保持竞争能力具有持续的支持能力，是企业竞争力的关键来源。企业并购后整合程度对创新绩效有正面影响，沟通交流有助于并购后的企业创新产出。并购双方的知识积累、相关性影响整合条件，影响企业并购绩效，它们对企业创新产出的作用都是正向的（Schön，2009）。如果并购方根据市场的需求状况以及自身情况调整并购双方的资源整合程度，就会影响企业并购后的新产品推出，长远来看有助于丰富企业的新产品；而并购之后低程度的资源整合则会有效缩短新产品的上市时间，有助于企业实现短期目标（Puranam，2003）。

徐全军（2002）分析了企业并购后无形资源冲突的原因及整合方法，提出企业应该根据市场、环境、知识不同，区分企业的性质、发展空间，避免资源冲突，在资源整合过程中，重视整合激励因素。鲍新中、陶秋燕、盛晓娟（2014）认为经营协同效应由企业的信息系统、技术、文化的整合产生，管理协同效应依赖于战略的整合，企业在并购后需要加强文化、技术、战略及信息的整合，以获得创新优势。企业进行并购重组的前提是获取并拥有关键性的资源。公司并购后通过资源的整合与利用达到资源的最大利用价值与最大并购绩效，而整合需要一个渐进的过程。王宛秋、张永安（2009）的实证结果表明，尽管只有少数企业并购获得成功，但是他们通过整合活动能够得到很高的并购后效益。公司技术创新能力往往由公司在并购完成后是否进行了有效的融合所决定，除了公司生产经营制度的整合，还包括并购公司的运作方式、制度及企业文化的融合等，这些整合在耗费时间与精力成本之外也存在着失败的风险。技术并购作为企业获取新技术的主要途径，在技术引进、技术开发和人才获取等方面具有显著优势；公司资源的差异导致了创新绩效差异。关于资源规模对并购绩效的影响，朱有为等（2006）和邓进（2007）证实高技术企业规模对研发效率产生正向影响。规模经济理论认为企业规模的大小影响企业的协同效应，规模越大的企业越容易发挥协同效应，从而产生降低产品成本提高企业绩效的作用；规模大也意味着企业的资源需求增大，其在并购后整合过程中面临的风险就会更大，成本也更高。而按照交易价格假设理论，交易额越高，收购公司议价能力越强，并购后资源整合能力以及资源协同效应发挥的作用越强，其对企业绩效的影响也就越大。本书用交易金额占上市公司总资产的比重来表示并购交易的相对规模，作为衡量并购公司资源整合能力的基础，并提出假设：

H5－2：并购相对规模资源整合能力促进公司创新演化。

3. 创新人才资源基础（HRT）下的并购创新

人力资源基础理论（Human Resource-based Theory，HRT）认为人力资源是企业的第一资源（张文贤，2002），能够影响企业并购的成败。在技术并购中，人力资源的整合严重影响并购后企业的发展及企业间的战略契合度。对人力资源的合理利用是企业价值的重要体现。在高技术企业的并购中，技术人员和知识型员工决定着企业竞争优势，是企业最重要的资源；关键技术人员的技术技能相较于企业有形资产而言对企业的影响更具有长期性，对并购后的整合及绩效创新发挥着决定性作用，因而，企业在并购之后应着力留住关键技术人才。傅传锐的研究表明企业并购后的绩效随着人力资本的提高而提高。郑海航等（1999）指出企业应该重视并购后的人员整合，因为这是并购成功的关键。在关于人力资源与专利的研究中，关键技术人才往往在企业专利方面发挥着重要作用，是推动企业研发的主要力量，他们不仅掌握着关键的技术知识，也是实现人员与企业沟通的重要桥梁。但是，在现实的企业技术并购中，由于文化差异或者被并购企业规模较小，使得并购后被并购企业的技术人员得不到重视，导致大量技术人员转岗或者离职，造成难以估计的损失。对高技术企业实施技术并购的动机是加强技术战略能力，这需要企业的人力资本与集体资本相结合。保留特定类型的关键人才是高科技企业技术并购成功的关键。目标企业技术人员的自主性、状态及对企业的承诺有助于人才保留（Ranft，2000）。在以技术知识为基础的并购实践中，在并购之后实现企业并购的整合，提高并购绩效，必须重视对企业内部员工特别是掌握核心技术的员工的管理，收购方的人员治理模式，包括人员的训练、沟通，人力经理拥有更多的话语权等都对企业并购绩效的提高有正向作用。

李培馨、谢伟（2011）指出中国企业在并购后的整合过程中，需要关注技术人员尤其是在并购前后社会地位变化巨大的人员。企业应该有针对性地采用不同的人力资源管理策略，避免掌握核心技术的人员以及起到沟通桥梁作用的技术人员在并购后离开。此外，管理人员的经营及灵活性对于并购后企业绩效及技术人员发挥着重要作用。傅传锐（2011）认为并购方高知识人才资本对企业并购后绩效的影响是有时限性的。人力资本能够显著正向影响企业并购绩效，其显著性随着企业并购后企业绩效的提升而逐渐增强；物质资本作为影响并购方绩效的关键因素，影响力度随着企业绩效的提高而减弱。人力资本在并购后绩效逐渐变好的并购公司中发挥重要作用。颜士梅（2012）认为在并购初期对掌握技术或核心知识的人员的整合是随着企业吸引力变化以及员工与企业磨合而不断地变化的，知识整合的风险主要是员工的消极心理；而在并购后期，随着企业制度、文化的重新整合，离职问题成为知识整合的新风险。并购双方的文化差异是在并购后磨合阶段导致员工信任缺失、形成帮派、造成整合风险的主要原因。

因此，在技术并购中，掌握关键技术与研发能力的技术人员成为企业之间争抢的战略资源。基于技术人员对于企业并购的重要性，在此提出假设：

H5 – 3：在技术并购中，技术人员是推动创新演化的基础。

4. 自主研发投入基础下的创新

自主研发是企业在发展过程中提高自主创新能力的一系列措施与行动。公司的研发需要投入大量的资金与设备支持，这种在研发活动上的投入是企业的研发投入。自主研发是企业技术创新的首要途径，但是由于市场竞争激烈，越来越多的企业开始着眼于从企业外部获取技术与资源以弥补自主研发的落后。自主研发既可以直接刺激公司的创新产出，又可以提升外部技术吸收转化能力，并且在能力的积累过程中发挥对技术获取及公司创新绩效的调节作用。

欧洲31个独立并购案例显示，并购双方的技术与市场的相关性对并购效果具有积极的影响；技术知识与研发相关的企业并购，会影响其并购后研发工作，降低研发投入（Cassiman，2005）。自主研发有助于企业在并购后在技术领域面临更少的竞争；在高技术产业中，非创新相关的并购动机比创新相关的并购动机更重要，研发的性质、大小、方向因并购双方相关性的不同而不同。对于互补技术的企业并购结果则完全不同，对于这类公司，开展收购与兼并是企业得到并且掌握新的技术知识，进入未曾涉猎领域的重要工具，是企业获得规模经济效益与开发新技术的一个重要动机，因而这类企业会增加研发投入。20 世纪最后并购浪潮中制造业并购活动没有对经合组织（OECD）国家的私人研发活动产生重大的影响，而只会促进其对某些特定行业研发投入；并购对企业集中性的创新投入具有微弱的影响。国内技术并购对低技术密集型产业研发投入有刺激作用，国内并购减少技术密集型产业在经合组织国家的研发投资，而跨国并购有相反的效果（Bertrand and Zuniga，2006）。收购能够帮助企业获得积极的回报，这一回报是与收购公司在并购前获取的目标公司的研发活动信息及双方的谈判地位密切相关的，充分获取目标方的信息与主动的谈判地位有助于企业获取积极的并购结果；正处于下滑期或者低内部效率、产品销售恶化的公司更有可能采取外部收购，以对抗其研发管道的恶化及专利申请的下降，这种情况下的并购行为往往能够扭转企业困境，带来积极的影响（Higgins and Rodriguez，2006）。

杨军敏、曹志广（2012）发现技术并购有助于提升医药企业的研发绩效，而非技术并购不仅无助于企业研发绩效的提升，反而使企业研发绩效下降。郑骏川（2012）认为企业在并购中的研发支出对并购方的市场绩效以及长远的财务绩效均有重要影响。科技型主导的技术并购能够在一定程度上代替企业内部研发，而非科技型并购不会导致企业内部研发投入的减少，其研发支出对企业价值也不存在增值效应，科技型并购更能够将企业研发投入转化为盈利能力。于成永、施建军（2012）的研究结果表明，技术并购与自主研发存在互补关系。王金桃、裴玲（2013）的实证研究结果表明，公司技术创新活动和自主研发对公司的绩效有显著提升作用。自主研发是企业在进行并购活动中获取掌握主动权的根基，也是企业并购的前提条件，能够降低发展企业技术能力的开发成本。拥有优质技术资源和竞争能力的企业将更加具有吸引力，从而更易引进外部技术资源。自主研发是企业发展技术并购活动基础，也是企业竞争力主要来源。基于上述分析，提出假设：

H5-4：公司自主研究有利于企业创新演化。

5. 关联交易下的创新演化

关联交易是我国上市公司并购实践中一种重要的现象，直接影响企业的技术并购绩效。并购双方通过关联交易，能够有效降低并购过程中的沟通成本与整合成本，增加并购双方的信息透明度，增进并购双方的了解，因而并购效率也相应提高。孙贺（2007）发现关联交易可以降低金融危机对企业经营困难造成的影响，使公司资产质量提升。在横向并购中，关联交易型的并购在并购后企业整合过程的阻力较小，双方内部合作的加强有利于形成规模化；在纵向并购中，关联交易型的并购有助于完善产业链条，节约交易成本。潘红波等（2011）认为政府支持上市公司关联交易有助于避免公司因为财务问题退市，影响地方经济。综上所述，关联交易作为企业并购交易活动中的重要影响因素，能够对企业并购后的创新演化造成影响，由此提出假设：

H5-5：关联交易正向影响企业的创新演化。

6. 创新演化基础下并购创新

企业自主研发具有周期长、风险大等问题，且随着自主技术的商品化可能被外部竞争者模仿和超越，而技术并购可在一定程度上缩短产品研发流程，迅速进入新领域。基于此，衡量技术并购成败的关键在于整个创新演化过程的分析。技术并购绩效的提升取决于并购后双方企业各种资源的协调，这种协调具有一定时滞性和长期性。关于专利对绩效影响的时间性，专利申请对企业绩效的影响有滞后性，专利申请的数量与专利授权数对企业的销售收入会产生正向影响。总之，公司技术并购战略的效果具有时间性和演化特征。在技术并购中，技术吸收期的前 1~2 年，企业的绩效是逐步变化的，绩效变化在并购当年及以后几年才会有实质性的改进，因此，提出假设：

H5-6：技术并购创新演化关系具有时滞性。

根据上述理论基础和研究假设，确立如图 5-1 的研究思路。

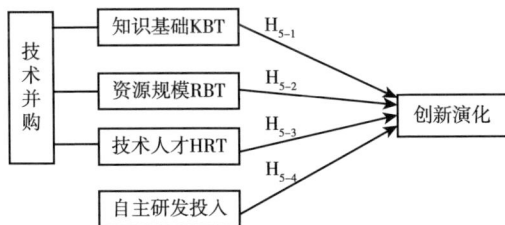

图 5-1 研究思路

资料来源：郝清民，任欢欢. 技术并购与研发的创新演进绩效研究 [J]. 科技进步与对策，2015，7 (16)：63-68.

5.1.2 技术并购相关变量数据

技术并购的衡量参考（Ahuja and Katil，2001）。（1）从战略目的看，以获取技术为目的的并购被认为是技术并购；（2）在并购发生之前的几年（通常是5年）之内，目标方是否申请过专利，对有过专利申请并获得专利的公司进行并购称为技术并购。国内外更多地采用第一种方法即依据战略目的定义技术并购。本书通过国家专利产权局数据库获得相关公司专利申请数据，综合采用上述两种标准，尽量减少数据遗漏。

本章样本来自CSMAR，筛选依据：（1）并购公司是通过资产或者股权进行支付，获取其他公司的股权或资产的公司，而被并购公司是出售本公司资产或者股权的相对方公司；（2）以技术型企业为研究目标公司，其划分标准参照国家统计局印发的《高技术产业统计分类目录的通知》，包括：电子及通信设备制造业、航空航天器制造业、医药制造业、电子计算机及办公设备制造业和医疗设备及仪器仪表制造业共五类行业。

将专利作为技术创新绩效指标可以有效检验一个公司的技术吸收能力与创新能力（Hagedoorn and Duysters，2002）。以专利申请数作为衡量企业并购创新绩效的因变量时应考虑专利申请的时滞性。PAT、PAT1、PAT2反映并购企业并购当年及后几年绩效值变化情况；PAT−1、PAT1−1、PAT2−1反映企业并购活动发生当年及后几年与并购前一年相比创新值的增量。

技术知识基础主要是指并购前公司的知识存量及能力的积累，包括知识结构的调整。技术基础数据以并购发生前5年公司所申请的专利量的总和衡量。文中所采用的专利数据均来自中国国家知识产权网（http：// www. sipo. gov. cn/zljs/），样本统计期为2004~2014年。

技术人才以技术人员作为技术并购企业人力资源的衡量标准，数据是通过对锐思金融数据库技术人员相关数据分析获得。

研发强度采用企业的研发费用支出与企业主营业务收入（主要是销售收入）的比值来衡量。变量数据通过2007~2014年公司报告获得。经过以上数据变量的界定与选择，建立表5−1。

表 5 - 1   自变量、因变量和控制变量汇总

变量	变量名称	变量取值方法及说明
PAT	并购当年绩效	LN（并购当年专利申请量）
PAT1	并购后 1 年绩效	LN（并购后 1 年专利申请量）
PAT2	并购后 2 年绩效	LN（并购后 2 年专利申请量）
PAT - 1	并购当年与前 1 年绩效增量	LN（并购当年与前 1 年专利累积量）
PAT1 - 1	并购后 1 年与前 1 年绩效增量	LN（并购后 1 年与前 1 年专利累积量）
PAT2 - 1	并购后 2 年与前 1 年绩效增量	LN（并购后 2 年与前 1 年专利累积量）
Knowl	知识基础	LN（并购前 5 年专利累积）
Relati	相对规模	并购交易额/企业总资产
HRD	技术人才	LN（企业技术人员数量）
RDI	研发强度	研发支出/主营业务收入
RT	关联交易	关联交易"1"，非关联交易"0"
Size 等	控制变量	略

资料来源：根据郝清民、任欢欢（2015）整理。

5.1.3 并购要素与创新演化分析

为了突出研究主题，将描述统计和相关分析省略。主要回归结果见表 5 - 2。

表 5 - 2   总体样本回归分析

变量	PAT	PAT1	PAT2	PAT - 1	PAT1 - 1	PAT2 - 1
知识基础	0.581 ***	0.611 ***	0.549 ***	0.749 ***	0.785 ***	0.799 ***
相对规模	- 0.015	- 0.048	- 0.027	- 0.069	- 0.108	- 0.134
技术人才	0.087	0.106	0.093	0.089	0.083	0.087
研发强度	8.192 ***	5.124 **	8.899 **	7.747 ***	7.767 ***	8.828 ***
关联交易	0.313 *	0.146	0.242	0.131	0.119	0.116
控制变量	控制	控制	控制	控制	控制	控制
F 统计	44.008	34.396	28.113	86.100	79.378	73.366
R^2	0.584	0.521	0.469	0.735	0.719	0.702

资料来源：根据郝清民、任欢欢（2015）整理。

回归结果较理想，有助于解释我国上市公司并购创新演化的特征。

1. 知识基础积累影响创新演化

知识基础积累对企业并购后的创新绩效影响为正，验证了假设 H5-1，说明技术知识基础确实有助于企业技术创新的提高。公司的知识背景会影响公司的研发能力，公司的内部知识积累得越多，获取目标公司技术知识的能力就越强，对目标方的知识资源整合能力就会越强。技术知识的积累影响存在淡化效应；同时由于与企业技术创新之间关系密切，在并购初期对企业绩效的影响相对明显，随着时间的推移，并购双方知识逐渐融合，影响力度逐渐减弱。因此，高技术企业应该增强自身知识基础积累，以提高技术并购过程中研发能力和技术获取能力。

2. 相对规模对资源整合及创新演化

并购相对规模的资源整合能力对公司创新绩效的影响为负，否决了假设 H5-2。模型中数据 6 次进入回归方程，均对并购绩效在统计意义上不显著，并且显著性随着并购时间的推移有所增加。企业在并购后需要时间进行资源的整合，在此过程中，并购交易的相对规模过大，企业所需动用的资源就会更多，这就需要企业付出更多的现金、人力等成本；并且并购规模越大，并购后的整合所面临的困难就越多，企业所需要付出的整合时间成本就会增加，短期内不利于企业并购绩效的提高，从而出现相对规模对企业并购绩效的作用为负的结果。

3. 技术人才对创新演化的作用

技术人员对并购绩效的推动作用在统计学意义上不显著，否决了假设 H5-3。技术人员对于企业并购后的创新绩效影响水平呈现波动起伏状态，在并购初期，由于文化差异或被并企业规模较小，并购后整合速度较慢或者效果不理想，会造成核心员工流失，产生短期技术空白，可能出现技术人员对并购绩效的影响先上升后下降的现象，这应该引起相关并购企业的注意，在并购整合中更加重视技术人员的作用（任欢欢，2015）。

4. 自主研发对创新演化的作用

研发投入对企业并购后创新绩效具有统计学上的显著正向影响，验证了假设 H5-4。企业在进行自主研发活动过程中，通过技术积累获得创新优势，技术并购时所积累的研发投入与技术资源就会发挥作用，从而提高企业绩效。

自主研发投入在并购初期对企业的影响容易出现波动，呈现先下降后上升的趋势，主要涉及并购资金对研发投入的冲抵作用，并购双方集中资源于资金并购，在研发方面的支出相对减少。并购双方企业实力的差距及技术投入的多少也会对企业初期的研发产生作用，导致出现研发投入对企业并购绩效影响呈先下降后上升的趋势。研发投入直接影响企业的技术创造力，所以企业应该重视并购活动中的研发投入，以提高并购后的创新绩效。

5. 关联交易对创新演化的作用

关联交易对企业并购绩效影响为正，部分否决了假设 H5 - 5。总体来看，关联交易对并购绩效的影响在并购开始阶段相对明显。关联交易的交易双方可以利用其关联关系有效减少并购交易时间，节约交易成本。但是随着并购时间的推移，创新演化中创新效益逐步淡化，整体上演化的效果不明显。企业人、财、物的各个方面逐渐融合，关联交易所带来的成本与时间优势逐渐消失，其影响会逐渐淡化。高技术企业在技术并购的过程中应充分了解关联交易，充分利用关联交易并购的积极影响，防止不利因素的出现。

6. 总体创新演化趋势

为了探讨并购后企业创新演化趋势，本章将所划分的三大类制造业创新演化趋势的专利增量分别取平均值，得到如图 5 - 2 所示的创新演化趋势图。

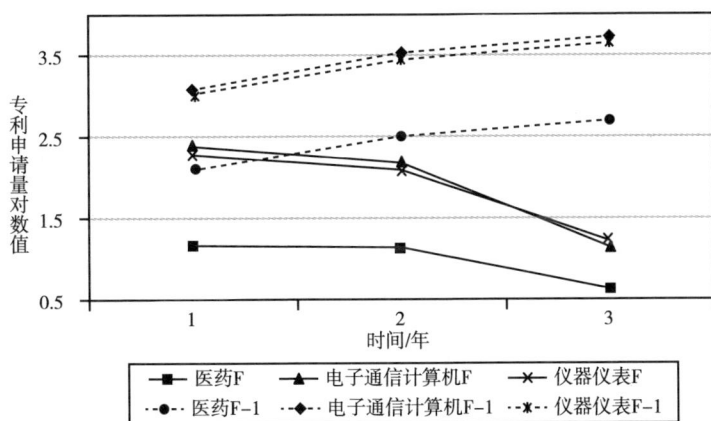

图 5 - 2　总体创新演化趋势

资料来源：郝清民，任欢欢. 技术并购与研发的创新演进绩效研究［J］. 科技进步与对策，2015，7（16）：63 - 68.

从图 5 - 2 中可以发现，技术并购后，企业创新演化趋势是逐渐上升的；其结果部分验证了假设 H5 - 6。以虚线表示的并购当年及以后年度与并购前一年相比专利的累积量呈现逐渐上升趋势，说明技术并购后双方企业人才知识和资源整合发挥了协同作用，随着技术并购所带来的资源整合逐渐发挥作用，创新演化明显提高。由于并购整合速度不同，并购后各年绩效表现也就不一样。但是，以并购当年为基点，实线部分发现创新演化作用逐步淡化。

各相关制造业创新演化有所差异，相对来讲，医疗行业的影响最弱，而电子通信行业的创新演化情况最好。知识基础累积对所有高技术制造业并购样本的技术创新具有重要作用。而资源整合技术人才作用在行业之间差距比较大，对电子计算机及仪器仪表制造业的影响明显；研发投入能够显著影响各行业的并购绩效，但对医药制造业的并购绩效影响不明确；行业间的创新绩效发展趋势存在一定的差异性，总体累计绩效增长量呈现缓慢上升的趋势。

5.1.4 知识基础的中介效应

并购双方的技术知识匹配性与技术并购创新绩效有显著影响。刘志新（2011）发现主并公司在并购后的创新绩效与目标企业技术知识基础规模负相关。自主研发作为企业并购的基础，对企业并购后创新绩效影响显著。知识基础积累总体上有助于企业技术创新；王艳（2016）和于开乐、王铁民（2008）研究发现并购双方在并购前存在知识技术互补性正向影响并购后企业的创新绩效，且目标企业的技术知识基础相对规模与主并公司并购后的创新绩效正相关。企业的资源整合能力对并购绩效有负向影响，但影响相对较小并且有一定的时滞性；技术人才总体上能够影响并购公司创新绩效，是高技术企业创新绩效演进的基础，但是不同行业之间区别明显，温成玉认为关联交易对企业并购创新绩效的影响总体为正，但是行业之间有一定的差距。

企业在技术并购后的创新演化具有滞后性，技术并购后的整合有一定周期性和滞后性，在技术并购的后几年企业创新演化会有实质性的改进。本章用技术并购后第二年与并购前一年相比创新绩效增量作为企业的技术并购创新绩效进行中介效应检验。

1. 自主研发、知识基础与并购创新

企业自主研发投入和知识基础均对企业技术并购后的创新绩效具有正向影响。验证了假设 H5 - 1 和假设 H5 - 4。企业的研发强度与企业的知识基础即企业专利的申请量是密切相关的，企业研发投入的增加能够促进企业研发的改进。企业知识基础的累积为企业研发费用的增加奠定知识吸收和消化基础，它们之间相互作用，共同为提升企业技术并购后的创新绩效发挥作用。在考虑自主研发的同时，知识基础对企业并购绩效、知识基础对企业研发、企业技术并购对创新绩效之间的关系如何，是否具有中介效应？结合上文分析得到中介效应检验结果，如表 5 - 3 所示。

表 5 - 3　　　　　　　　　　知识基础中介效应检验 1

步骤	因变量	自变量	回归系数	T	F	调整 R^2
步骤 1	$PAT2 - 1$	RDI	0. 389 ***	5. 704	32. 535	0. 146
步骤 2	$Knowl$	RDI	0. 272 ***	3. 829	14. 663	0. 069
步骤 3	$PAT2 - 1$	RDI	0. 178 ***	4. 250	217. 441	0. 702
	$PAT2 - 1$	$Knowl$	0. 774 ***	18. 487	—	—

资料来源：根据任欢欢 2015 年天津大学硕士论文《技术并购与自主研发的创新演进研究》整理。

表 5 - 3 中的步骤 1 和步骤 2 分别是自主研发与企业并购创新绩效、自主研发与知识基础的回归检验结果。初步判断自主研发强度显著影响并购创新、自主研发显著影响知识基础。步骤 3 是加入知识基础之后，自主研发对企业并购创新绩效的显著性水平。加入知识基础作为中介变量之后，并没有改变自主研发投入对企业并购绩效的正相关关系。但是步骤 3 与步骤 1 相比，自主研发的显著性水平明显降低；知识基础对并购创新绩效的影响通过检验；步骤 3 的方程拟合度较步骤 1 明显提高。RDI-KNOW-PAT2-1 的部分中介效应明显。根据中介效应检验分析方法可以看出各变量之间是显著正相关关系。由步骤 3 可知，自主研发通过显著性检验，说明知识基础对研发投入与并购创新是部分中介效应。部分传导了研发投入与企业并购创新绩效之间的关系。从两者系数可见，RDI-PAT2-1 的系数 0. 178，而部分中介 RDI-KNOW-PAT2-1 为 0. 174×0. 272 = 0. 21。说明中介效应大于直接效应的作用。

2. 技术人员、知识基础与并购创新

企业的自主研发创新投入除了研发费用之外，另一个重要方面就是科技人员的投入；关键技术人员对企业的影响更具有长期性与决定性，是企业并购整合及绩效创新的关键；技术人员与企业的知识基础关系密切，技术人员的数量与质量对企业知识基础的积累有直接的作用，通常情况下技术人员较多并且布局合理的企业其知识积累也较多；由假设 H5 - 2 可知，总体上技术人员对企业并购创新绩效有积极的影响。在技术人员与企业并购绩效关系上，增加知识基础在他们之间可能存在中介作用。对于知识基础对技术人员与企业并购创新绩效的中介作用的检验如表 5 - 4 所示。

表 5 - 4   知识基础中介效应检验 2

步骤	因变量	自变量	回归系数	T	F	调整 R^2
步骤 1	$PAT2 - 1$	HRD	0. 315 ***	4. 497	20. 219	0. 095
步骤 2	$Knowl$	HRD	0. 311 ***	4. 426	19. 593	0. 092
步骤 3	$PAT2 - 1$	HRD	0. 066	1. 500	193. 062	0. 676
	$PAT2 - 1$	$Knowl$	0. 801 ***	18. 155	—	—

资料来源：根据任欢欢 2015 年天津大学硕士论文《技术并购与自主研发的创新演进研究》整理。

步骤 1 和步骤 2 分别是技术人员与企业并购创新绩效及技术人员与知识基础的回归检验结果，结果都通过了显著性检验，也部分验证了假设 H5 - 3。步骤 3 的拟合度较步骤 1 有明显提高，步骤 3 是在加入知识基础中介变量之后，技术人员对企业并购创新绩效的检验结果，没有通过显著性检验。按照中介效应的判断标准，知识基础对技术人员与企业并购创新绩效是完全的中介效应，也就是说技术人员对于企业技术并购绩效的作用完全是通过知识基础的传导来实现的。HRD-KNOW-PAT2-1 为完全中介效应。

5.1.5 技术并购的收益演化检验

为防止数据依赖和研究方法带来内生性问题。选择不同数据集合和变量进行验证。考察期是并购前 1 年及并购后 2 年（2012 ~ 2018 年），时间跨度为 6 年，共 171 个企业样本。本章选取 2013 ~ 2016 年沪深两市主并购方为上市公司并购事件样本，并购样本筛选自 WIND 中国上市公司并购数据库，财务数据来自东方财富网 CHOICE 数据库，专利数来自国家知识产权局中国专利查询系统。

　　被解释变量主营业务利润率是主营业务利润与主营业务收入的百分比，考察期为并购前 1 年和后 2 年。解释变量：（1）专利数；（2）并购区域属性，将此变量设计为虚拟变量，1 为同区域并购，0 为跨区域并购；（3）财务风险为流动负债率。控制变量：股权制衡度、公司规模、关联交易和年度。股权制衡度：股权制衡度和股权集中度相比，不但能保留其优势又能防止大股东较为方便地利用职权对上市公司的利益进行侵害，更可以较好地保持企业良性发展从而促进技术并购的顺利进行。公司规模：公司规模决定了公司进行技术并购的能力大小，规模越大信息资源越多、资金越多。关联交易：企业关联方之间进行交易会让主并购方省去很多不必要的成本。两家企业也可能是子母公司，所以他们能够更顺畅地进行并购进而降低整个技术并购过程中带来的风险，并且可以运用行政力量保证合同的优先性。又由于被法律认可，故在实践中得到广泛应用。但若关联双方因不正当利益而达成技术并购协议则有可能会导致并购后企业内部发生矛盾甚至导致绩效下降。总体回归结果见表 5-5。

表 5-5　　　　　　　　　　　　　　多元回归分析

变量	并购前 1 年主营利润率	并购后 1 年主营利润率	并购后 2 年主营利润率
专利数	0.140 (1.380)	0.196* (1.803)	0.216*** (2.001)
同区收购	-0.062 (-0.506)	0.136* (1.800)	0.267** (1.860)
关联交易	0.085 (0.675)	0.192* (1.513)	0.217** (1.889)
杠杆率	-0.708** (-2.009)	-0.634* (-2.221)	-0.649*** (-2.685)
股权集中度	0.040 (0.560)	-0.059 (-0.763)	-0.057 (-0.743)
规模	-0.174** (-1.962)	0.202** (2.291)	0.191** (2.174)
控制变量	控制	控制	控制
F	2.120*	3.304***	3.378***
R^2	0.099	0.315	0.398

资料来源：Stata 统计输出。

从并购前到并购后的回归分析可知，各个统计检验数值依次提高，说明模型拟合度越来越好。技术并购前一年绩效和拟合度最差。通过显著性检验的解释变量最少。主要原因：（1）并购前一年样本受并购成本影响过大，因此并购与创新因子的关系不明显，而控制变量中的杠杆率和规模显著相关。（2）规模较小、杠杆率低的开拓性企业更容易实施技术并购；而规模较大的企业急需以技术拉动下滑的绩效。

技术并购后的第一年和第二年的绩效的回归拟合度越来越高。（1）专利数与企业绩效显著正相关，大多数企业并购前技术储备较低且公司绩效低下，而并购后两年企业绩效随着专利数量的增加而提高，企业掌握同行业核心技术所带来的巨大经济效益，公司规模对企业绩效的影响转为正。（2）并购区域属性与企业绩效正相关，同区域并购的知识相通，更有利于收益提升。（3）企业并购中的关联交易效果逐步明显。从并购后的长期绩效来看，关联企业并购重组往往会改善上市公司的财务状况和管理业绩，企业采用关联交易进行技术并购可以有效降低并购成本，在一定程度上减少并购对企业带来的负面影响。规模结构调整对公司的长远发展影响很大，增强了企业的市场竞争力。杠杆率与企业绩效负相关，说明杠杆率低的企业更容易筹集到资金，从而收益率提升。

并购方专利数的变化与技术并购绩效之间存在正相关关系；财务风险与企业技术并购绩效之间存在负相关关系；区域属性对并购绩效有显著影响，即同区域并购优于跨区域并购；公司规模越大，其承受风险能力越强、对文化等方面的整合效率更快，故绩效随之越高；关联交易对并购绩效有显著影响，即并购中关联交易优于非关联交易。

5.1.6 小结

从总体上来看，技术并购活动可以提高上市公司的创新绩效，但有一定的滞后性，具备演化趋势。并购后企业创新演化发展趋势总体来说逐步提高。

技术知识基础有助于公司辨别和利用外部并购知识和资源。知识基础在并购过程中的技术人员与企业并购绩效、研发投入和企业并购绩效之间起中介作用。公司应注重提高与目标公司技术相关的知识基础储备,以利于并购决策、消化吸收并购对象的技术并融合创新,使并购之后的技术创新与专利成为公司的核心竞争优势。

技术人才是影响企业知识基础积累的重要因素,是企业技术并购的关键资源。企业应当调控并购中的技术人员,使技术人员的智力知识得到充分发挥,真正参与到并购中的创新与研发合作;在并购后要对目标方及时做出人员调整,采用有效的激励机制,留住关键人才特别是具有技术创新能力的人才,提升创新优势。

虽然自主研发在并购初期对并购绩效并不稳定,但自主研发能力的积累对公司并购绩效有积极影响。因此研发调研与目标筛选很关键,有助于减少前期研发风险损失。并购后协同作用发挥的关键是有效整合,包括人才、知识设施等各方面的整合。并购公司应当在并购前客观审视双方企业文化,并购后及时协调战略规划,明确发展方向;及时沟通进行人员整合;进行文化的融合,并结合公司实际进行适当调整;了解双方资源状况,进行资源的融合。

总之,在各方融合过程中,为了企业更好发挥技术并购的创新演化效应,笔者建议从以下几个方面着手推进创新。

(1)提高研发意识,在充分保证自主研发创造能力的同时加强企业识别外部技术资源能力。企业内部研发与外部技术并购是企业获取技术、提高创新绩效的两种主要途径。在市场经济条件下,企业识别并获取外部技术资源是企业提高内部创新绩效的关键;企业的技术资源获取能力需要以自身积累为基础,也就是企业自身的研发积累。企业在进行外部技术并购过程中,需要对所获取的外部技术价值及商业发展前景做出判断,这是建立在企业在该领域长期的技术积累基础之上的。企业只有具有强大的内部研发能力才可以迅速获取学习外部技术,进而转化吸收,增强技术实力。因此,内部技术基础是进行企业外部技术并购成功的关键。

(2)重视并购之后的要素整合工作,提高企业的再创新能力。企业并购之后的多要素整合是企业持续的技术创新与技术发展的重要环节。企业并购后的整合效果直接影响协同作用发挥。双方之间的高效率整合是技术人才、技术设施、知识创造等各方面开展共享与合作的基础。并购企业双方实现优势互补、互通有无、取长补短，实现技术与核心能力的提高，改善市场地位。企业在并购中，根据并购目标与并购类型选择适当的整合模式，除了要吸收目标企业的新技术，并购整合还包括企业战略、人员、知识、技术等各个方面要素。从企业战略角度，根据目标公司的性质和规模做出战略调整，充分双方的核心竞争力实现并购双方的目标协调一致。调整组织架构与组织运作方式，以利于并购后企业各要素的融合。

（3）重视知识积累，尽量吸引目标方人才。提高目标公司员工的归属感与参与度，以利于他们尽快适应新环境，实现人员的整合。企业的技术知识依托于技术人才，知识的发展与积累是企业财富与竞争力的主要来源，发挥知识资源在企业技术创新中的中介作用。技术并购的目的获取知识资源，在技术并购中，双方知识资源的有效整合成为影响并购成败的关键。在技术并购中，知识基础是企业研发投入与技术人员投入发挥作用的中介和桥梁，企业应当重视知识基础的积累，增强研发能力，提高知识存量，为企业并购创造基础。企业应当重视技术并购双方人员的工作需求，留住技术人才，特别是掌握关键技术、具有创新能力的核心人才。企业在技术并购后，首先要做好知识文化整合，与双方知识基础及发展观相一致；合理调整企业人员构成比例，减少行政等非关键岗位的人员冗余，提高技术人员的比例，发挥并购双方企业之间技术人员协同效应；建立合理的薪酬与补偿制度，建立公平合理的人员激励机制，维持企业人员的稳定，避免出现人才大量流失。

（4）评估有效的交易规模，合理利用关联交易。企业并购交易规模会影响并购后的整合难度与整合成本。因此，企业需要合理评估双方的规模差距和相对交易规模，避免无法有效整合资源，造成并购绩效低下。本书前面的研究也证实了规模差距对并购影响显著。并购双方的关联交易对企业并购绩效有一定影响，而且主要在短期内具有一定影响。因此，企业在并购交易中应当关注关联交易行为的规范性，降低关联交易造成的负面作用和不良影响。

5.2

研发效率和技术并购对创新演化影响

《上海证券交易所科创板上市公司重大资产重组审核规则》有如下规定：

第七条　科创公司实施重大资产重组或者发行股份购买资产的，标的资产应当符合科创板定位，所属行业应当与科创公司处于同行业或者上下游，且与科创公司主营业务具有协同效应。

第二十一条　科创公司应当充分披露标的资产是否符合科创板定位，与科创公司主营业务是否具有协同效应。

前述协同效应，是指上市公司因本次交易而产生的超出单项资产收益的超额利益，包括下列一项或者多项情形：（一）增加定价权；（二）降低成本；（三）获取主营业务所需的关键技术、研发人员；（四）加速产品迭代；（五）产品或者服务能够进入新的市场；（六）获得税收优惠；（七）其他有利于主营业务发展的积极影响。

并购是企业扩张的一种重要战略手段，通过购买目标方的资源迅速获取其优势或进入目标市场，而技术并购是主并公司以获取目标方的技术资源为目的发起的并购交易，企业通过取得外部技术增强自身科技创新水平的重要途径。技术并购的成功与否取决于并购后主并购方的技术创新能力和创新产出绩效是否取得明显提升。

5.2.1　技术并购与创新演化

学术界将技术并购对创新绩效的影响效应主要分为促进、抑制和复杂性三种情况，而国内的研究显示技术并购几乎没有出现抑制企业创新的情况。

（1）在积极促进方面，温成玉、刘志新（2011）通过研究我国高技术上市公司，发现技术并购对主并公司并购后的创新绩效具有积极影响，非技术并购的影响并不显著。吴先明、苏志文（2014）发现我国企业通过跨国技术并购突破自身发展瓶颈，从而实现技术的跨越式发展。张峥、聂思（2016）发现我国制造业技术并购也同样能够显著提升主并公司并购后的创新绩效，而非技术并购的影响并不显著。任曙明等（2017）的研究发现由于行业内并购以及企业的议价水平增加了行业内的竞争激烈程度，从而迫使企业提升自身创新水平。

海外的相关研究中认同促进的观点主要认为技术并购会对企业的知识存量、知识更新、并购双方的知识互补性以及主并公司在并购前的创新惰性产生积极影响，提升并购双方知识整合后的规模经济效应，促进企业技术创新。技术并购对企业创新绩效的影响存在时间跨度上的差异性。发现技术并购作用于企业的长期创新能力影响比短期内更为显著，而且因行业差异而不同（Entezarkheir and Moshiri，2016）。

（2）在抑制作用方面。企业技术并购可能阻碍企业原本的研发流程或管理方式的改变会导致核心技术员工的研发能力和效率下滑。并购双方在组织方式、目标市场或技术知识等方面缺乏一定的一致性，则很有可能导致并购交易带来负面结果（Ahuja and Katila，2001）。技术并购与美国高科技上市公司的研发强度和研发效率之间没有显著的关系（Desyllas and Hughes，2010）。并购方资本市场较为活跃时，并购导致企业的自主研发生产率专利数量显著下降（Seru，2014）。

（3）在复杂性方面。影响技术并购对创新绩效作用的因素研究概括起来主要集中在三个方面：目标公司选择、主并购方自身能力以及技术知识特征。首先，准确评估和选择目标公司直接影响技术并购成功率。由于信息不对称，主并购方可能难以准确估算目标方的技术资源及其价值，导致目标选择出现失误，降低企业的创新绩效。吴先明、苏志文（2014）通过案例分析发现企业并购选择能力对其选择适当并购目标和时机具有重要作用，企业应根据自身关键技术缺口选择适当的目标公司。其次，主并公司自身的学习能力、整合能力和管理能力也会对技术并购的创新绩效产生显著的影响。鲍新中等（2014）发现企业的信息系统整合、技术整合以及文化整合产生的经营协同效应和管理协同效应正向影响技术并购的创新绩效。胡雪峰、吴晓明（2015）发现吸收能力对技术并购后主并购方的创新绩效能够起到正向调节的作用。刘春等（2015）发现当并购方董事会中独立董事有来自目标公司所在地时，企业技术并购效率也会显著提升。

5.2.2　自主研发与并购的创新演化

1. 技术并购对创新演化的影响

根据投入与产出经济学理论，并购方企业进行技术并购需要投入大量的资源，目标方企业的技术创新相关资源在并购之后进一步整合，逐步协同，使本公司的创新产出和绩效得到提升。技术并购后并购方知识积累规模增加会提升企业运用技术知识进行新技术创造的能力，从而促进企业的创新（Ahuja and Katila，2001）。技术并购通过并购双方的知识互补性更新并购方现有知识，避免了旧知识的重复利用而导致的惰性和简单性，能够提升技术并购后主并购方的技术创新质量和绩效（Vermeulen and Barkema，2001）。温成玉等（2011）发现技术并购对企业发明专利数量创新绩效具有积极影响，而非技术并购提升作用十分有限。因此，提出假设：

H5-2-1：技术并购与并购后主并购方的创新演化正相关。

2. 并购方自主研发强度对并购后创新演化作用

并购方的研发创新投入强度可以用企业的研发支出与总资产的比值衡量。企业内部自主研发投资提高自身吸收能力、识别目标方质量、实现准确定价、有效整合技术资源、实现规模效应（Benson and Ziedonis，2009）。并购方的研发强度体现出技术资源的创新效率和管理能力，有效提升企业并购后创新绩效。并购方在技术创新方面的投入会降低双方技术隔阂和差距，加大对目标公司的吸引力，提升双方技术并购成功率。由于维持自身创新能力的关键之一是对持续创新研发的投入，通过对创新投入形成对自主创新能力，增强企业吸收知识的能力，更好地吸收和内化并购所获得的技术资源。因此，针

对技术并购和自主研发对提升并购方在并购后创新绩效,提出以下假设:

H5-2-2:并购方的自主研发强度越大,并购后创新绩效越高;

H5-2-3:并购方自主研发强度对技术并购作用并推进创新演化。

3. 并购方创新效率对并购后创新演化影响

创新效率是指企业的研发(R&D)投入转化为创新产出的能力。并购方较高的创新效率有可能吸引目标企业,并购前具有较高创新效率的企业能够在一定的研发投入下获得更高的创新产出,提升创新效率,并获得更多的专利数量或研发更多新产品数量。从持续的研发投入到较快的创新产出激励和创新演化绩效,形成良性循环。提升双方对并购交易预期,并购方的创新效率较高能够更好地促进并购后双方的资源技术整合,提升并购后的创新绩效。当企业的创新效率提升时,对目标方技术的价值判断能力也就越强,更能有效评估和了解并购双方的技术知识的相关性和差异性,并进行合理的技术并购决策和目标的选择。因此假设:

H5-2-4:并购方的创新效率有利于并购后的创新演化。

4. 在并购前双方技术重叠性的作用

并购双方的技术类似度或技术重叠性较高时,共同的认知结构为双方提供了沟通和学习上的便利。并购双方能够在并购交易后实现较为高效的整合运营。当并购方对目标企业的既有技术知识较为熟悉时,并购方利用既有知识基础准确评估目标企业的专利技术,提高应用可能性和经济价值。有针对性地选择合适的目标公司。如果双方的技术基础完全不相关,双方在人员配置和资源整合方面就会花费更多的协调和沟通成本,降低协同效应。主并公司无法发挥现有的技术基础达到协同效应和规模效应,并购双方在技术并购前存在的技术重叠对主并公司创新投入和创新能力在技术并购中的作用有一定的影响。双方存在技术重叠时,并购方创新投入强度和创新能力可能在自身更为熟悉的领域中发挥更大的作用(Bena and Li,2014)。因此提出假设:

H5-2-5:并购前的技术重叠性正面影响并购后的创新绩效;

H5-2-6:并购前的技术重叠性和自主研发正向调节创新绩效。

5. 并购方治理结构对并购后创新影响

基于代理理论,主并购方的决策结构影响技术并购后企业的创新绩效。

代理理论认为股东和管理层的利益存在一定的冲突，股权结构较为集中，大股东可能侵占中小股东利益、控制企业的并购行为。技术并购往往需要占用企业大量的资金，需要获得控股股东对公司足够的财力物力支持才能够顺利进行。集权化企业在进行创新活动时更倾向于依靠内部研发，而分权化企业则偏向通过外部技术并购来获取技术知识（Arora，2014）。

如果控股股东对公司的控制权大于其使用现金流的权利，他们会更加倾向于通过并购交易来最大化自身的利益。在我国的资本市场中，企业具有较高的股权集中度时，由于我国企业向股东分红的频率和金额相对较小，股东在寻求自身利益最大化时可能会促使企业进行并购交易。技术型中小企业的稀缺在一定程度上影响上市公司大股东技术并购行为。

5.2.3　研发和并购交互的创新演化

本节的被解释变量选取主并公司在并购当年以及并购后两年的中国发明专利、中国实用新型专利申请数量；解释变量采用虚拟变量的方式设定目标公司在并购首次公告日的前 5 年内是否曾取得专利权作为解释变量之一，是取 1，否则取 0。关于主并公司与目标公司在并购前获得的专利中是否存在技术重叠。根据国际专利分类表，发明专利与实用新型专利采用多结构逐级分类法进行分类，其标注方式为部（A～H）、大类（2 位数字）、小类（1 个大写字母）、大组（1～3 位数字）、小组（2～4 位数字）。借鉴张铮、聂思（2016）对技术重叠的量化方法，存在技术重叠时为并购前主并公司与目标公司存在同部同大类的已获专利，此时该变量取值为 1，反之，在并购前只有同部不同大类或是不同部的已获专利，则双方不存在技术重叠，此时变量取值为 0。其他变量及计算方式见表 5－6。

表 5－6　　　　　　　　　　　变量及其计算方式汇总

变量	名称	符号	衡量方式	参考
因变量	并购创新	PAT	并购方并购年的专利申请量	Ahuja，2001
	创新演化 1	PAT1	并购方并购后 1 年专利申请量	Innojoy 专利库
	创新演化 2	PAT2	并购方并购后 2 年专利申请量	Innojoy 专利库

续表

变量	名称	符号	衡量方式	参考
自变量	技术并购	Tech	技术并购"1"，非技术并购"0"	Choice 并购库
	研发强度	RDI	并购方研发支出/总资产	Sevilir，2012
	创新效率	PR	并购前 1 年专利申请/研发支出	刘端等，2018
	技术重叠	overlap	双方并购前有同大类专利1，不0	Bena and Li，2014
控制变量	公司治理	CR5	前 5 大股东比例	CSMAR
	企业规模	Size	企业总资产的自然对数	CSMAR
	企业年龄	AGE	企业成立至并购年的时间跨度	CSMAR
	收益率	Roa	企业资产收益率	CSMAR
	所有权	Prop	国有企业"0"，民营企业"1"	CSMAR
	杠杆率	LEV	并购方总负债/总资产	CSMAR

资料来源：本书作者整理。

公司专利申请数量、获取年份等数据的时间跨度为 2011～2018 年，从大为专利检索数据库（INNOJOY）中手动检索中国公司申请发明专利、实用新型专利。并购事件汇总数据取自 Choice 金融数据并购板块，全部上市公司已完成并购事件。并购时间跨度的选择标准为首次公告日；并购样本筛选：排除海外并购和非人民币并购事件；主并公司在同一年内发生多起并购事件的，只将交易数额最大的并购交易作为样本数据；样本中仅保留并购后主并公司对目标公司持股比例为 50% 及以上并购事件；最终有效数据样本为 854 个，其中有 349 次技术并购事件，505 次非技术并购事件。

1. 技术并购对创新演化影响

将总体并购分为技术并购和非技术并购两类，检验企业以专利申请数量为代表的创新产出绩效与技术并购、研发强度、研发效率以及技术重叠之间的关系。借鉴刘端等（2018）年的研究，通过多元线性回归来检验技术并购对主并公司创新绩效的影响。采用 RDI·lap（overlap 与 RDI 的交乘项）、tech·RDI（tech 与 RDI 的交乘项）检验不同的效应问题。回归结果表 5 - 7 所示。

表 5 - 7 自主研发和效率和技术并购对创新演化回归结果

变量	PAT	PAT	PAT	PAT1	PAT1	PAT1	PAT2	PAT2	PAT2
tech	90. 877 ***	2. 174	4. 631 *	90. 755 ***	10. 752	15. 266 *	86. 891 **	17. 334	24. 006 *
技术并购	(3. 32)	(0. 85)	(1. 73)	(2. 89)	(1. 32)	(1. 78)	(2. 54)	(1. 39)	(1. 83)
RDI	364. 946 *	—	55. 801 ***	445. 688 *	—	102. 517 *	510. 489 **	—	151. 534
研发强度	(1. 84)	—	(2. 91)	(1. 96)	—	(1. 66)	(2. 06)	—	(1. 61)
PR	—	19. 605 ***	19. 590 ***	—	21. 77 ***	21. 746 ***	—	22. 78 ***	22. 747 ***
创新效率	—	(244. 26)	(245. 14)	—	(84. 89)	(84. 73)	—	(58. 15)	(58. 00)
控制变量	控制	控制	控制	控制	控制	控制	控制	控制	控制
N	578	578	578	578	578	578	578	578	578
R^2	0. 067	0. 991	0. 991	0. 063	0. 931	0. 931	0. 062	0. 864	0. 865

资料来源：Stata 统计输出。

技术并购（tech）多数比较显著，表明企业进行的技术并购与随后的创新演化绩效正相关，即技术并购的企业比未进行技术并购的企业的创新绩效在并购后几年间创新演化趋势明显，假设 H5 - 2 - 1 成立。同时可以看出，主并公司规模和并购方杠杆率与其创新绩效正相关。

2. 自主研发与技术并购对创新演化影响

为了检验企业自主研发对技术并购后的创新绩效的影响，加入并购方创新投入强度和创新效率作为自变量回归结果同上。

加入研发强度和创新效率两个变量后，回归结果仍然保持显著，同时拟合优度大大提升，表明模型对创新演化解释能力较全面。在控制其他变量后结果仍然显著。如果仅加入创新效率作为解释变量，技术并购的显著性水平明显下降，主并公司在并购当年的创新绩效与技术并购决策之间未通过显著性检验。说明创新效率对技术并购的影响很明显，当创新效率不高时，提高技术并购的创新演化作用不明显。而仅加入创新强度作为自变量时技术并购仍然十分显著，说明自主研发在一定程度上具有替代作用，降低了技术并购对创新演化的解释力。从后几年的并购技术逐年减少而研发强度逐年加大科研看出。在模型检验的三年间，同时加入创新投入强度和创新效率两个指标后，并购方创新绩效与技术并购决策在 10% 的置信水平下呈现显著正相关关系，因此假设 H5 - 2 - 1 成立。

从创新的逐步演化作用来看,并购当年并购方的自主研发强度(RDI)作为技术并购之外的唯一解释变量时,与主并公司并购后各年的创新绩效显著正相关,且在并购后第二年显著性最强。加入创新效率作为解释变量后,其显著性在并购后几年内逐步削弱,但都呈现出正相关关系。因此假设H5-2-2成立。

企业并购创新效率(PR)和研发强度作为解释变量,都与企业并购当年和后两年的创新绩效之间显著正相关。表明企业在并购之前的创新效率越高,则其在技术并购后几年内的创新演化绩效也能得到相应的提升。假设 H5-2-4 成立。

在加入技术并购与创新投入强度的交乘项作为解释变量之后,由表5-8可以看出与以前不同的结果。

表5-8　　　　　　　　技术并购与自主研发交互影响的回归结果

变量	PAT	PAT1	PAT2
tech	89.817***	177.087*	235.679
	(2.89)	(1.76)	(1.54)
RDI	17.038	28.881	55.213
	(0.72)	(0.38)	(0.47)
PR	19.578***	21.724***	22.717***
	(246.05)	(84.64)	(57.88)
tech·RDI	107.960***	205.084*	268.263
	(2.75)	(1.62)	(1.38)
控制变量	控制	控制	控制
N	576	576	576
R^2	0.991	0.932	0.865

资料来源:Stata 统计输出。

自主研发强度对技术并购的影响在并购完成当年具有显著扩大作用,但在并购后两年的调节作用并未通过显著性检验,因此自主研发对技术并购的短期作用比较明显。相对来讲,创新效率出现逐步演化增大的作用。可以看出这种调节作用主要是短期的影响,因此,在短期内假设 H5-2-3 成立,而在较长时间跨度上该假设不成立。

3. 知识重叠对交易后创新演化影响

为了检验在并购前并购双方的既有技术知识的重合性对并购后并购方的技术创新绩效的影响，加入并购双方在并购前是否存在知识技术重叠作为自变量，其回归结果见表 5-9。

表 5-9　　　　　　　　知识重叠效应的回归结果

变量	PAT	PAT1	PAT2
tech	3.997	12.393	18.594
RDI	50.363 **	110.225 *	168.974 *
PR	19.590 ***	22.001 ***	23.126 ***
overlap	−59.557	−81.927	−99.908
RDI·overlap	71.225	131.928	163.686
控制变量	控制	控制	控制
N	576	576	576
F	5847.910	746.080	352.423
R^2	0.991	0.936	0.873

资料来源：Stata 统计输出。

结果可见，并购双方在并购前存在的知识技术重合性对并购方的技术创新绩效未通过显著性检验，同时创新投入、研发强度与技术重叠的交乘项并不显著。对比而言，自主研发和创新效率仍然显著影响并购后几年的创新演化，具有逐步增强趋势。

4. 治理下的创新演化稳健性

在对并购后几年数据的回归中，股权集中度越高的主并购方在并购后的创新绩效越差，这与前文中所述集权化组织更偏向于通过内部研发实现创新具有一致性。表明集权化组织在并购后的创新演化作用普遍低于分权化组织。自主研发投入、创新效率、技术并购与自主研发强度的交乘项的回归结果与上文中仍然保持一致性。说明本次研究的结果是可靠的。同时，从表 5-10 也可以看出，在增加交乘项的情况下，创新效率依然具有显著影响作用，说明企业的创新效率具有长期稳定的影响。即使在技术并购对自主研发具有一定调节作用的情况下，创新效率对并购创新演化的影响仍然明显。

表 5 – 10   治理变迁下的创新演化

变量	PAT	PAT	PAT1	PAT1	PAT2	PAT2
tech	3.743	80.605 **	13.999	162.274	20.261	217.409
cr5	−0.116	−0.118	−0.456 *	−0.459 *	−0.854 **	−0.859 **
RDI	55.343 ***	16.027	98.050	22.207	140.106	39.264
PR	19.581 ***	19.570 ***	21.729 ***	21.708 ***	22.717 ***	22.690 ***
Tech·RDI	—	98.004 **	—	189.059	—	251.374
控制变量	控制	控制	控制	控制	控制	控制
N	548	548	548	548	548	548
F	6825.453	6200.297	818.196	738.161	386.416	348.343
R^2	0.991	0.991	0.932	0.932	0.866	0.866

资料来源：Stata 统计输出。

对上述回归数据的汇总结论如下：我国上市公司的技术并购有助于提升其并购后的创新演化，自主研发强度加强了并购后的创新演化，主并购方自主研发强度与技术并购对并购后短期内的创新演化正相关；公司创新效率与技术并购后的创新演化正相关；技术重叠的作用不是很明显。

5.2.4 小结

技术并购作为企业外源性创新的一种手段，能够有助于并购后的技术创新演化。企业在技术并购后三年内专利申请数量方面显著高于未进行技术并购企业。自主研发强度推动技术并购创新演化。企业如果想要通过技术并购来获得目标企业技术资源，推动自身技术创新，自身也需要不断进行创新研发投入。技术并购能使企业获得目标企业技术资源，将这些创新资源内化、对目标公司的技术资源适当地改造，有助于企业自身真正的技术创新。并购方需要在整合目标技术资源的过程中保持相当创新研发投入。技术并购对企业创新促进作用主要体现在降低获取最新技术所需要的时间和精力投入、降低企业研发风险以及快速适应市场变化等。

自主研发强度在并购完成当年显著影响技术并购创新演化。由于这种影响仅仅在短期内显著，企业在其技术并购后需要保持研发强度，才能保证技术并购中所获得技术资源能够带来持续价值和创新演化。因此，技术并购与自主研发的交互作用体现在以创新效率较高的背景下，而相应的知识重叠处于其次位置。

企业创新效率与其技术并购后的创新演化正相关，并且呈现出一定时间内的持续性演化效果。与研发投入不同，创新效率稳定影响并购方的创新能力，企业并购完成后几年内的创新演化均受到创新效率的影响。企业自身的创新效率体现为单位时间内将一定的研发投入或技术资源转换成为相应的专利或商业化生产技术的能力。自身创新效率较高的并购方将并购中获得的技术资源能高效地转化为创新演化的技术，对企业自主创新突破具有重要意义。

并购方创新效率越高，越需要经营管理和人才机制有效，以能够在并购后高效地整合目标公司的技术资源。同时，企业的资产负债率越低，融资空间和潜力越大，越有利于并购筹资。经营稳定的企业能够在自主研发创新方面投入更多、更持续的资金和人力，有助于实现技术突破和自身创新演化。技术并购对公司的创新意义在于，对创新技术依赖程度更高的技术密集型行业，技术并购是企业短期内实现技术突破和快速获得技术资源的一种重要方式。由于技术并购周期较为复杂，企业应制定合理的技术并购程序。在并购期间内进行持续的自主研发创新投入，提升自身的创新能力，降低内外部技术差距和转化成本。在重视内源创新的同时利用技术并购实现创新的内生性发展自主研发和提升创新效率。企业应根据自身需求明确技术发展方向，合理规划技术发展路径。在选择目标企业时，主并公司应根据自身技术知识基础，对目标企业既有知识的转化能力和价值做出合理的判断，尽量规避信息不对称造成的影响，选择拥有较强的自主创新能力的企业作为并购对象。

5.3

技术并购与垄断规制

谷歌自上市以来规模较大的几次技术并购如下。

2004 年谷歌在纳斯达克上市。2005 年以 10 亿美元收购互联网供应商美国在线 5% 股权；以 1 亿美元收购 CCG 通讯，注资 0.5 亿美元收购 Android 并开发开源手机操作系统。2006 年，以 16.5 亿美元收购 YouTube，从传统媒体转向在线视频。2007 年以 31 亿美元收购 DoubleClick 广告服务公司；以 6.25 亿美元收购 Postini，以加强电子邮件及互联网服务安全。2008 年以 31 亿美元收购 DoubleClick，加强广告业务实力，发射谷歌地图卫星。2009 年以 7.5 亿美元收购 AdMob，增加移动广告数量。2010 年以 1.33 亿美元收购 On2，通过视频压缩技术改善网络视频质量、提高视频传输速度。2011 年，以 6.7 亿美元收购 ITA 软件，将航班数据融入搜索服务。2012 年，以 125 亿美元收购摩托罗拉，发布平板电脑 Nexus7、社交流媒体播放器 NexusQ、概念智能眼镜；收购网络安全创业公司 VirusTotal，增强互联网服务保护措施；收购电商储物公司 BufferBox，解决购物包裹递送问题。2013 年，以 11.5 亿美元收购导航软件公司 Waze，采用社交流量数据改进地图功能；收购 Flutter 公司，吸收手势识别技术。2014 年以 32 亿美元收购 Nest Lab，进军物联网，并收购多家智能家居公司；以 5 亿美元收购 DeepMind，进军 AI 深度学习，开发围棋 AI 程序 AlphaGo；发起成立"开放汽车联盟"，将 Android 应用于汽车领域。

2015 年，谷歌调整企业架构，成为 Alphabet 集团的子公司，收购儿童卡通应用开发商 Launchpad Toys，拓展儿童移动应用市场。2016 年以 6.25 亿美元收购 API 平台提供商 Apigee，扩展企业服务并改进云产品。2017 年以 11 亿美元收购 HTC 研发和设计部门，以加强 Pixel 手机硬件业务。2018 年以 24 亿美元买下 Chelsea Market；收购客服自动化创业公司 Onward；以 5.5 亿美元入股京东，展开战略合作。2019 年以 21 亿美元收购 Fitbit 健康，重点追踪可穿戴设备。

乔治·盖斯在《重新定义并购》一书中谈到，谷歌在媒体、网络和技术等方面通过在并购的同时不断研发创新，使得内外部创新资源有效融合，公司创新战略不断演化。另外，在技术并购过程中，相应的技术和业务也随市场的供求不断调整，实现公司持续创新和成长壮大。

5.3.1 技术并购与垄断研究之争

技术并购行为的初衷一般是收购双方的技术发展和科技创新需求，通过公司合并、资产收购和重组、股权要约收购等形式，促进技术资源整合、科技人才集聚、创新要素协同，降低创新成本，实现规模经济，提高企业整体竞争力。通过技术创新等核心能力逐步演化，不断发展壮大并提升企业价值。

网络资料显示，全球民用研发费的 80%、技术创新的 70%、技术转移的 60% 发生在世界 500 强等大型企业。随着科学技术的迅猛发展，垄断与技术之间的关系不断演进，实力强大的企业往往拥有更先进的技术集成能力。通过拥有独特的先进技术，可以迅速提升市场占有率，甚至垄断技术市场。

从管理学和竞争战略视角，多数研究者和管理者希望企业通过不断的技术并购和创新演进，从而形成技术和创新资源的集中，提高以企业技术创新为核心的竞争力。从技术创新视角，并购双方的各个创新要素通过知识学习、整合融通、协同效应而形成新的技术创新能力。各个企业就是在这种不断竞争和相互合作中，持续调整自己的各项创新、管理和经营战略，加强技术定力和科研实力，不断发展壮大。管理者希望企业规模大、技术先进、创新效率好，在相应核心产品占据市场主导定位。

从经济学的公平和效率视角，政府层面为了市场公平竞争和鼓励技术创新，又会采用反垄断措施约束企业并购带来的各种资源和市场的过度集中。在国内外市场的区别对待方面，国内市场希望各个企业能够公平有序竞争，在尊重知识产权基础上限制技术壁垒和科技垄断；一旦企业走向国际市场，政府又希望企业能够并购整合，通过规模化降低经济成本；通过核心技术和知识产权提高对外核心竞争能力，获得更多的市场份额。经济学者往往一方面希望防止资源和技术等垄断限制，要求企业公平对等，不断技术创新；另一方面希望自己国家的企业在国际市场上能占据规模优势和垄断技术竞争力，获取更多的收益。

金融视角的技术并购始终离不开资本的后盾。技术并购从属于并购，不可避免会形成资源要素集中、经营者集中、产品市场集中。并购通过资本的力量，重新汇聚技术和人才。这样的技术并购研究，需要融合金融学科和技术创新学科，探索金融要素、资本实力、财政税收等方面对技术创新的作用（田轩，2018）。技术并购涉及的利益相关者众多，从融资方、投资方、金融中介，到并购企业双方、政府、银行、消费者等。仅仅关注技术创新的影响方面，单纯从一两个学科进行研究，必然存在一定局限性。

在政治学和法律学视角，各国政府始终关注大规模的企业收购，通过发挥政府的作用预防经营者通过并购形成垄断行为，因而各国均制定了公平竞争、反垄断、并购重组等方面的法律和规制。通过规范并购行为，预防垄断，提高经济运行效率，维护消费者利益和社会公共利益。在一定情形下，研究者和执法者会结合经济学对市场和政府的假设，从法律法规视角促进市场的公平竞争、创新效率、技术进步和政府效率。

2020年底，国内外同时对科技巨头提出了反垄断措施。美国联邦政府对互联网公司实施反垄断调查，美司法部调查谷歌在搜索和广告领域的商业操作，FTC起诉脸书对竞争对手的并购操作，英国政府提案科技巨头对其平台上传播非法和有害内容自律监管。欧盟制订反垄断新规和《数字市场法案》，对在市场中造成不公平现象或拒绝履行特定义务的科技巨头，实行高达年收入10%的罚款，迫使其剥离部分业务。我国在2020年中央经济工作会议八大重点任务中强调反垄断，陆续发布《反垄断法》修订草案和《关于平台经济领域的反垄断指南》，核心内容指向数字经济平台经济（李超，2021）。这一切说明各国对科技垄断的重视，力求在鼓励企业创新发展、技术并购的同时约束非公平正义和低效率的并购型垄断。

而企业可围绕相应的法律规制，对自己的并购行为和经营模式展开辩护，或诉诸技术创新、或强调知识产权、或借助公平效率等。技术并购有时候难免形成技术的垄断，出现创新托拉斯组织，因此，技术创新与并购垄断会在不同情景和条件下不断演进发展。

5.3.2　技术并购发展和反垄断

随着国际企业并购浪潮的跌宕起伏式发展，企业通过技术并购也在规制和规范中成长。本书通过汇总美国企业的几次并购发展浪潮，尤其是反垄断和政府规制措施，为技术并购规范发展和避免形成技术托拉斯提供参考借鉴，见表 5 - 11。

表 5 - 11　　　　　　　美国技术并购浪潮和政府相关规制

背景、行业	技术要素	代表性企业	矛盾焦点	反垄断措施	规制效果
第二次工业革命，工业制造业发展	资源要素、制造技术	石油界洛克菲勒、钢铁业卡内基、金融摩根	垄断价格、肆意并购、行业特权、压榨劳工社会矛盾	1890 年《谢尔曼法》和《克莱顿法》	巨头拆分、产业向日德转移
二战后，信息革命、电子通信行业	晶体管、电子通信技术	AT&T	垄断晶体三极管专利，半导体业创新受限，限制竞争，垄断价格	1949 年美国司法部以电话设备制造和销售垄断为由提起反托拉斯诉讼	开放晶体管技术，贝尔全面开放其专利。拆分
计算机、电脑	硬件、IT 技术	IBM、德州仪器	软件和服务捆绑销售、技术独占垄断	1967 年美国司法部对 IBM 反垄断审查并购、搭售行为	公开硬件和软件技术标准、放弃捆绑
互联网发展、PC 软硬件	芯片、操作系统	因特尔、微软	操作系统垄断以兼容性打压下游浏览器等技术创新	1997 年指控微软垄断操作系统，IE 浏览器捆绑	不再独家协议等手段阻止竞争，开放兼容性垄断
数据经济、科技平台企业	数据、计算能力	谷歌、脸书、亚马逊	侵挤上下游利益、价格垄断、肆意收购、滥用数据隐私	2019 年 FTC 诉讼收购新设公司阻碍创新、滥用用户数据推升广告价格	拆分不同业务、剥离资产、技术共享
基因仿生革命、医疗健康	基因、生物工程技术	生物制药巨头	垄断癌症药物生产	2019 年审批许可 BMS 约 740 亿美元收购新基	新基剥离银屑病药物以 134 亿美元对价出售给安进

资料来源：根据浙商证券李超相关研究整理 http：//research. stocke. com. cn。

在垄断和反垄断的研究相关研究中，也不乏公平正义和效率的争论，不乏对高效市场和有为政府作用的研讨，并围绕着垄断界定、市场份额、提高效率、消费者保护、技术创新等主题，衍生出各种反垄断学派和主张。

（1）布兰迪斯学派强调公平正义，主张反垄断，规制自然垄断，保护促进生产公平参与等。布兰迪斯（Louis Brandeis）是最早推动反垄断监管立法的美国最高法院大法官，其主要认为政治民主和经济民主并不相互独立，应通过反垄断、打击市场集中和经济权力，保证经济民主，经济民主反过来也保证政治民主。

（2）哈佛学派认为行业高度整合不利于自由竞争，主张政府干预市场集中和兼并，以追求有效竞争，维持市场中大量中小企业的存在。爱德华·张伯伦提出垄断竞争理论，认为企业市场力量大小取决于其在市场上所占份额的大小，竞争状态的市场效率会高于垄断竞争，而垄断竞争的效率则会高于完全垄断。随后发展形成市场结构、企业行为、最终绩效之间的 SCP 范式。

（3）芝加哥学派强调效率优先、减少政府介入、发挥市场作用，认为市场自由竞争可以提高资源配置效率、带来公正配置效果；反垄断作为一个经济问题，唯一目标就应该是让资源的配置效率得到提升；市场的自我运行同时带来效率和公平；政府干预反垄断会打破市场均衡，导致既没有效率也没有公平的结果。芝加哥学派后来引入博弈论，试图在分析中加入公平的因素。对并购、搭售等各种垄断行为重新分析，认为并购可能是企业避免过高交易成本的努力，增加市场集中度是一种效率改进。认为没有真正和永远的垄断，技术才是不断推动行业变化的力量。

（4）欧洲的弗莱堡（Freiburg）学派又称秩序自由主义，强调公平正义而淡化市场效率，认为政府一般不应该干预市场运作，市场应按照固有秩序自由运作。如果市场出现垄断，秩序遭到破坏，政府才有必要干预。反垄断应有效率、维护经济秩序乃至整社会秩序。

（5）新布兰迪斯（Neo-Brandeisian）学派强调平等，认为应加强监管大企业、保护小企业，政府在某些条件下应该更多利用结构性救济手段来对市场结构和竞争进行干预和直接调节，针对科技巨头反垄断审查同时保护技术创新，主张拆分大型科技巨头。该学派成员主要是记者、律师和政客，其政策和公众影响力要比其他学派大得多。

5.3.3　中国数字平台并购与垄断规制

中国以 BAT 为代表的互联网巨头占领了不同的市场领域，出现"百度＝搜索、阿里＝电商、腾讯＝社交"的市场格局，而且在很长一段时间延续这种局面。

2015 年前后，互联网巨头的各种并购催生诸多互联网平台。美团合并大众点评、饿了么后，掌控互联网团购和外卖市场；美团收购摩拜后，美团单车、青桔单车、哈啰单车三足鼎立。滴滴合并快的、Uber 中国，拿下大部分网约车市场份额；携程合并去哪儿，掌控在线旅行市场；腾讯控股虎牙和斗鱼，涉足游戏直播销售，同时投资京东和拼多多，进入电商行业。

这些科技企业的并购既源于股东利益，也有背后资本的推动。有的公司并购并非技术创新，而是资本融合形成的垄断。各种收购谈判，不是创业者和管理层介入，而是资本巨头和大股东的竞争和推动。互联网平台在为用户带来便利的同时也带来潜在的垄断风险。

2008 年我国施行《中华人民共和国反垄断法》，旨在预防和制止的垄断的相关行为，其中与技术有关的有以下条款。

（1）预防和制止具有竞争关系的经营者达成垄断协议，比如固定价格、分割市场、限制产（销）量、联合抵制交易等横向垄断协议，尤其经营者之间限制购买或开发新技术、新设备、新产品的垄断协议。如果经营者能证明所达成协议属于下列情形之一（为改进技术、研究开发新产品的；为提高产品质量、降低成本、增进效率，统一产品规格、标准或者实行专业化分工的）可以不适用上述规定。

（2）预防和制止经营者滥用市场支配地位，对经营者市场支配地位的认定方面，依据的因素有：经营者在相关市场的市场份额，以及相关市场的竞争状况；经营者控制销售市场或者原材料采购市场的能力；该经营者的财力和技术条件等。

（3）预防和制止具有或者可能具有排除、限制竞争效果的经营者集中。比如参与集中的经营者在相关市场的市场份额及其对市场的控制力；相关市场的市场集中度；经营者集中对市场进入、技术进步的影响。

互联网平台借助数据、算法、平台规则等，掌控消费者信息和数据，使得对平台涉嫌垄断的发现和判定存在一定困难。2021年国务院反垄断委员会颁布的《关于平台经济领域的反垄断指南》旨在预防和制止互联网平台的经济领域垄断行为。指南的建立一方面为了保护市场公平竞争，维护消费者利益和社会公共利益；另一方面也不难看出，国家希望通过规范平台和资本行为，促进平台经济规范有序创新健康发展，鼓励通过技术创新赋能新经济，提高国际竞争力。表5-12中汇总了《反垄断法》和该指南所补充的对传统行业和平台的经营者对市场支配地位和经营者集中的相关度量。

表5-12　传统行业和数字平台中经营者市场支配地位和经营者集中的度量

指标	传统行业的衡量因素	新补充的平台经济的指标
市场份额竞争	销售金额、销售数量、产量、产能、中标项目数，市场发展状况、现有竞争者数量和市场份额	交易金额数量、活跃用户数、点击量、使用时长，在较长时间内市场份额动态变化趋势，平台竞争特点、平台差异程度、规模经济、潜在竞争者情况、创新和技术变化等因素
控制市场能力	经营者是否对关键性稀缺性资源有独占权利及持续时间。控制上下游或其他关联市场能力，阻碍、影响其他经营者进入相关市场能力，向其他市场渗透或者扩展的能力，盈利能力及利润率水平	相关平台经营模式、网络效应，以及影响或者决定价格、流量或者其他交易条件能力 平台用户黏性、多栖性，经营者掌握和处理数据能力，对数据接口控制能力，技术创新频率和速度、商品生命周期、是否或可能颠覆性创新等因素
财力技术条件	资产规模、盈利能力、融资能力、技术创新和应用能力、以何种程度促进经营者业务扩张或者巩固、维持市场地位等	该经营者投资者情况、资本来源、掌握和处理相关数据能力等需要特殊考虑的因素，拥有知识产权及该财力和技术条件主导市场地位
进入市场难易程度	市场准入情况，资金投入规模、经营者获取必要资源和必需设施难度，进入相关市场需要资金投入规模，需要考虑市场准入、经营者获取技术、知识产权、渠道、用户等必要资源和必需设施的难度	平台规模效应、技术壁垒、用户多栖性、用户转换成本、数据获取的难易程度、用户习惯等。用户在费用、数据迁移、谈判、学习、搜索等各方面的转换成本，并考虑进入的可能性、及时性和充分性 交易关系、交易量、交易持续时间，锁定效应、用户黏性，以及其他经营者转向其他平台的可能性及转换成本等
技术进步影响	为改进技术研发产品的统一规格、技术标准	可以考虑现有市场竞争者在技术和商业模式等创新方面竞争，对经营者创新动机和能力影响，对初创企业、新兴平台的收购是否会影响创新

资料来源：根据《国务院反垄断委员会关于平台经济领域的反垄断指南》2021整理。

可以看出，国家在各种反垄断规制中始终突出对技术创新的规范支持，其中与技术进步有关的原则有以下几点。

（1）保护市场公平竞争。坚持对市场主体一视同仁，着力预防和制止垄断行为，完善平台企业垄断认定的法律规范，保护平台经济领域公平竞争，防止资本无序扩张，支持平台企业创新发展，增强国际竞争力。

（2）激发创新创造活力。营造竞争有序开放包容的发展环境，降低市场进入壁垒，引导和激励平台经营者将更多资源用于技术革新、质量改进、服务提升和模式创新，防止和制止排除、限制竞争行为抑制平台经济创新发展和经济活力，有效激发全社会创新创造动力，构筑经济社会发展新优势和新动能。

（3）维护各方合法利益。反垄断监管在保护平台经济领域公平竞争，充分发挥平台经济推动资源配置优化、技术进步、效率提升的同时，着力维护各方合法利益。

5.3.4　小结

从上述分析可见，要通过并购形成技术优势，需要探索技术并购对创新的作用。按照市场公平法则，约束资本无序扩张，鼓励技术并购，推进优势企业之间通过技术合并，培育具有国际竞争力的大集团公司。

（1）在反垄断规制与促进技术创新方面。垄断可能阻碍技术创新，因此有必要把促进技术创新作为评价垄断企业市场行为的重要标准。美国司法部门在判决微软案时表现出重视技术创新的取向，通过规制制止垄断对技术创新造成障碍。国际上的反垄断政策也逐步从维护价格竞争转向促进技术创新导向，促使大企业的市场行为推动技术创新，增强经济的活力和竞争力。

（2）全球视野下的反垄断和公平竞购方面。在一定程度上，反垄断规制要有利于提高企业效率，同时照顾行业的公平利益。随着经济全球化的快速发展，市场竞争更加激烈。要根据国际市场和国内市场范围分别评估市场集中度和判断垄断。美国反垄断局评估惠而浦并购美泰克公司时，认为并购后的企业虽然在国内市场占有率较高，但不能主导国际市场，因此通过了合并审批。通过反垄断促使企业的并购能够为市场生产更高质量的产品，培养具有全球竞争力的企业。

（3）倡导创业主导和技术并购，规范资本导向。美国公司治理结构已从不受制约"经理人资本主义"转变成由投资人控制监督经理层的"投资人资本主义"（Michael Useem，2000）。机构投资人作为公司大股东干预董事会管理层，通过重组兼并改变公司战略，确保投资人利益最大化。纵观惠而浦对美泰的并购、波音对麦道的并购，都是以资本市场为平台、机构投资人主导、效益最大化为目标的大企业之间的并购，对技术创新的作用较为复杂。因此，我们也需要加快完善国有企业兼并重组中的投资人地位，鼓励创业者的股份和投资者股份的差别化，规范资本以纯利益导向的并购，倡导以技术创新导向的并购；发挥投资人在重组兼并中作用，培育和发展具有国际竞争力的大企业、大集团。

对垄断的衡量以市场占有率为主要指标，但市场的垄断多为产品技术的垄断，而要形成技术垄断，势必要有技术专利和标准的制定权，其前提是科技人才的知识领先。因此，以技术并购方式，遵循技术和知识的发展规律，在反垄断规制下，形成技术创新的超规模企业还有很多需要探索的地方。

第6章

创新网络结构与演化

彼得·圣奇提出学习型组织以及相应的修炼法门：建立愿景（Building Shared Vision），团队学习（Team Learning），改变心智（Improve Mental Models），自我超越（Personal Mastery），系统思考（System Thinking）。在学习型组织中，随着知识传播和学习改善，技术创新要素以及相应创新网络结构随之发生变化。什么样的企业组织结构适合技术创新，组织学习对创新绩效影响作用如何，结构 – 行为 – 绩效形式的创新网络发展路径如何？需要不断系统思考和研究。

6.1
基于结构与能力的创新网络

随着市场的国际化和环境的复杂化，企业需要时时调整与不断变革，以满足组织绩效提升的需求，通过持续创新满足不断变化的市场，提高企业市场竞争力。企业也可以通过组织变革与组织学习促进组织绩效（Hao et al., 2012）。在理论研究领域，组织的设计理论侧重强调组织变革和适当的组织形式调整以提升组织绩效；组织认知与学习理论则重点关注组织学习行为对组织绩效的影响、学习型组织及组织学习能力对绩效的促进作用（陈国权，2009）；组织创新方面理论尤其是管理学方面的创新研究对组织绩效的积极作用不断受到重视（Shafique，2013）。学者们在理论方面通过不断拓展组织设计理论、组织认知与学习理论、管理组织创新理论探索创新绩效改善的主要路径。在企业实践方面，管理者积极组织学习标杆企业的成功经验、构架独特的商业模式和组织变革、区分内外创新路径等管理措施以提高企业业绩；高新技术企业的管理者更趋向于突破传统体制，积极创新，构建学习型、创新型企业（赵景峰，2011）。在不断变革的组织中，探索企业提高绩效的影响路径，尤其是在组织创新理论与组织学习理论基础上，探索组织变革对绩效的影响路径，具有重要现实意义。已有的研究主要集中于三个主要方面。

（1）认为组织变革和绩效之间的直接关系不明显：没有发现两者之间有明显的关系或是作用轻微；在组织变革中，稳定的组织与灵活的组织相比，并没有发现更多的获利机会（Kosova，2010）。此类研究侧重分析组织形式变革的单方面因素对绩效的直接影响效应，暂时未考虑其他因素的影响作用。

（2）认为两者存在直接关系：适当的企业内部组织形式有助于产生更高获利能力；富有效率的组织则对组织的财务和非财务绩效都有着积极的影响（Leitao，2013）。这方面研究强调了两者的直接影响关系，而忽视了可能的中介变量的影响，尤其是组织变革带来的一系列路径影响。

（3）侧重研究间接效应：近几年学者认同组织变革对绩效的直接作用，但也不否认其他情景变量对创新绩效的影响。首先，从组织学习理论方面：组织学习对绩效有积极影响。组织需要加强学习导向以获得竞争优势，学习导向是企业创新的重要前提，它反过来又影响企业的绩效。其次，从创新理论角度，组织学习直接和间接地通过组织创新对创新绩效产生积极影响，组织创新积极地影响组织绩效。组织学习是研究企业创新行为的一个非常有用的视角（周长辉，2011）。管理创新对绩效具有重要影响作用，在组织学习和创新绩效之间关系当中，创新能力具有中介作用（Damanpour，2012）。这类研究重点从组织变革的学习角度和创新角度对组织变革的绩效进行分析。

综上所述，本书提出主要研究问题：组织变革是否直接影响创新绩效，组织变革通过组织学习和创新行为间接影响绩效的作用有多大？运用产业组织模型"结构－行为－绩效"思想来研究组织变革与创新绩效的微观关系，且已有研究表明，企业层面的因素比行业层面的因素对企业绩效有更强的影响。

因此，本章：（1）采用微观公司层面而非行业层面，以企业组织为行为主体，从组织创新和学习行为角度分析组织变革的绩效；（2）有别于定性分析，尤其是理论学习和创新角度的分析，着重从定量角度，借助问卷调查验证分类假设的可行性；（3）从不同样本特性角度对企业组织变革绩效路径进行对比分析。

针对上述主要问题，基本假设思路是组织变革是创新绩效的基础和重要影响因素，它通过不同的组织行为尤其是组织学习和创新的中介作用影响创新绩效，同时依赖于具体组织特性。

6.1.1　结构学习与创新绩效

组织变革一般是指组织中责权利的重新分配或工作程序方面的适当调整。组织变革是相对可预测的，组织变革影响组织行为和集权化水平；集权组织善于处理复杂的静态型问题，分权组织在重组成本较低时善于处理动态问题；随着组织异质性的增加，组织普遍趋向于集权控制；组织决策的扁平化影响创新绩效（Csazar，2012）。多数的组织变革体现在组织结构的实时调整方面。组织变革直接影响创新绩效，柔性化组织有利于不同管理层员工拓展思路并取得成功，因此组织的适当变革会正面影响创新绩效。

不同样本资料显示，增长绩效与组织的控制权变革正相关，与分权化负相关，与正式控制和分权化两者的交互作用正相关（Lin and Germain，2003），通过研究1411家荷兰小企业样本发现：高集权化和垂直专业化的治理架构在相对简单的组织中表现良好；具有特殊专业员工的集权化组织有利于组织发展；非专业化的简单组织在商业服务方面有较好获利和销售能力（Meijaard，2013）。从汽车行业看，短期内垂直整合决策与创新绩效负相关，而在整个产品周期中高水平的垂直整合带来高绩效（Novak and Stern，2013）。因此提出假设：

H6 - 1：组织变革对创新绩效有重要影响。

组织变革不仅对绩效有直接作用，还通过其他变量对创新绩效产生影响。在以组织为研究载体的基础上，组织的变革对绩效有着积极和深远的影响，组织变革通过组织学习以及创新影响绩效（Aragon，2007）；因此，本章基于组织学习理论、组织创新理论，重点从组织学习与创新能力的作用方面研究组织变革的绩效作用。

组织学习是高效知识管理过程中的一种核心组织能力。组织学习是以不同方式整合新知识或综合已有知识的过程。对组织学习的研究具有不同视角：基于类型的组织学习（如单双回路、认知与行为），基于水平的组织学习（个人、团队、组织和网络），基于过程的组织学习（获取、转化、应用和保护）。组织学习得以实现的一个重要条件就是企业有一个与学习过程匹配的组织（Grant，1996）。学习导向型组织能够打破现有范式、突破现状，实现自我赶超。组织的不同形式（直线式、团队式、网络式和集分权程度）与组织学习过程（知识分享、交流、存储和转化）具有相应对应关系；适度数量的跨组织耦合（部门间横向协调）与较高绩效相关（Fang，2013）。因此，提出假设：

H6 - 2：适当的组织变革促进组织学习。

组织学习是基于实践经验的提高公司绩效的行为，并对实现目标和提高公司效率和绩效有正面影响，知识共享和学习行为与企业业务流程改进、产品服务供应和创新绩效正相关（Chuck et al.，2008），战略采购单位中组织学习正向影响整个采购周期的绩效，组织学习与文化对员工、顾客和供货商各方的非财务绩效都有积极直接影响，对财务绩效有间接影响；不同组织学习类型与绩效相关，组织内部学习和组织间学习的交互作用对创新绩效有适度影响；社会和市场方面的学习有利于国际化组织和跨国公司的绩效。顾客和学习导向的组织价值系统更有利于组织发展和业绩提高，学习导向刺激市场导向行为从而积极影响与战略客户的长期关系。关系学习与关系绩效正相关（Lin，2013）。因此，提出假设：

H6 - 3：组织学习与创新绩效正相关。

创新可以理解为对新事物、方法、设备的成功引进，对原始或相关知识的组合或综合，对新产品服务或流程的价值创造。创新具有重要的组织改善作用，有利于产品服务内部流程的改良与更新。组织中各个有机体在创新过程中相互影响，从而为组织创新与改进提供足够的网络系统空间。不同类型的创新与从机械到有机的组织变革具备一定的相关关系（Kasper，2008）。适合于复杂综合流程的机械式组织有利专业化独特的创新；以团队为基础的灵活项目型组织适合新产品或新工艺开发。以企业组织变革为导向开展的组织创新活动，可以通过规范化、扁平化、部门间沟通、决策速度快慢等程度以及信息传递效果度量（Nahm，2003）。因此，提出假设：

H6 - 4：组织变革与创新能力相关。

组织资源理论方面的研究表明，特定的组织创新资源明显影响创新绩效，中小企业中创新体系构建会带来更好的组织业绩。对中国企业的实证研究表明，无论是在公共事业，还是工业品与消费品制造业、服务业、高新技术企业，创新均会导致更好的创新绩效。对美国服务业数据的研究资料显示，创新对创新绩效产生很大影响（Agarwal，2003）。

组织核心能力理论方面的研究表明，企业内部情感能力通过组织学习影响产品创新。情感和学习方面组织核心能力通过产品创新对企业绩效产生显著作用；市场感知能力和知识相关资源通过创新显著影响公司绩效，均会导致更好的创新绩效（Agarwal，2003；Akguna，2007；Olavarrieta，2008）。因此，提出假设：

H6 - 5：组织创新有利于创新绩效。

创新经济学认为组织学习是管理创新的关键。学习型组织倾向于不断提高自身创新能力，较强的自主创新来自高效学习能力。组织学习的重要结果是创新。获取和利用新知识学习能力成为企业创新并获得持续竞争力重要渠道（Park，2006）。

在竞争性行业中，企业倾向于追求价值创造的创新活动，同时推动学习能力的不断提高。外部学习和组织内部学习明显通过创新影响品牌效应。组织内部学习是重要的组织创新网络过程，产品和技术创新经常被认为是好的组织学习和知识管理实践的结果，组织学习能力影响产品创新绩效（Alegre，2008）。因此，提出假设：

H6-6：组织学习导致创新，有利于提升创新能力。

6.1.2 学习与创新指标

根据上述理论分析和相应假设关系，构建网络框架如图6-1所示。与前人研究不同，本章将组织学习和创新作为中介行为变量纳入组织变革与绩效关系的综合框架中，建立组织微观层面的组织结构-行为（组织学习、创新能力）-创新绩效模型。

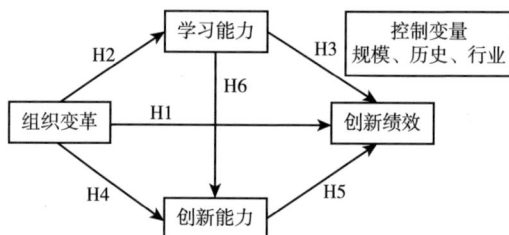

图6-1 分析框架结构

为进行此项研究，笔者发放了调查问卷。调查问卷包括25个问题和相关样本基本信息。问卷采用李克特五分量表形式，用从"1"到"5"分别代表"非常不同意"到"非常同意"或"很少用"到"经常用"。为了检验上面假设，用以下观测变量衡量潜在变量。

（1）组织变革是一个多维度的结构，包括劳动分工与职责划分维度：如专业化、集权或分权；沟通与协调机制维度：诸如沟通、灵活性等；时间维度：如结构效率、变革等。结合前面的理论综述，组织变革变量采用上述6个项目反映组织变革潜变量（Paul Miesing，2006；Lotti Mensing，2006；Garcia，2007），并进行适当修改。

（2）组织学习以市场信息流动过程为基础。主要通过对学习的承诺、分享愿景及开放心智等方面来衡量组织学习。基于此，并结合前面的理论分析，从四个方面对组织学习问题进行测度：学习承诺、共同愿景、开放心智和知识共享（Baker and Sinkula，1999；Jerez-Gomez，2005；Leticia，2005；Photis and Panayides，2007）。

（3）组织创新能力方面。结合前面理论综述中对创新能力的定义和分析，结合本书研究的目的以及创新能力在模型中的相互关系，本书基于管理职能，结合其他研究学者对潜在变量的观测项目，从以下几个角度分析组织创新能力：管理创新、流程创新（Weerawardena，2006）、技术创新（Wang and Ahmed，2004）、产品创新与创新效率（Alegre，2008）、市场创新（Yang，2009）。

（4）对于绩效的衡量，不同的研究提出了不同的观点，由于创新绩效不只局限在财务指标上，创新绩效具有多维度指标，如利益相关者维度、市场环境异质性维度和时间维度等。基于问卷便于设计和容易回答的原则，根据相关研究（Garcia，2007；Panayides，2007），选择绩效指标包括近期的财务（如利润、投资回报）指标和中长期的业绩指标（如增长、市场和公共关系）两个方面。选择的创新绩效指标分为反映历史过去的绩效指标，例如利润、投资回报；反映现在与未来的绩效指标、例如企业增长性指标、市场和公共关系相关指标。

（5）控制变量方面。鉴于不同的组织规模和发展时间对创新和绩效影响显著，本书采用上述两项指标作为控制变量。公司发展时间即企业从成立之日起至今的时间，公司规模通过员工数量来说明。借鉴欧盟企业的分类，员工人数少于50人的是小公司，员工人数在50~250人的为中型公司。鉴于同行业间企业关系密切，跨行业间企业间关系很弱，因此运用高科技或知识密集型、劳动密集型、资本密集型分类来分析行业问题。不同职务的管理者具有不同的认知水平，以其工作年限作为检验参考。

样本特征数据是通过电子邮件问卷调查方式收集到的，调查的对象以中高层管理者为主。调查问卷包含一个调查说明电子邮件，问卷通过电子邮件附件发送管理者。基于笔者国外访问院校课堂学员数据库，总共发出约540份英文问卷，回收约140份，有效问卷为136份。英文问卷由笔者与另外一位华裔教授独立翻译成中文。在国内发放300份问卷，收到120份有效问卷。问卷基本特征见表6-1。

表 6 - 1　　　　　　　　　　　　　样本特征

特征	选项	数量	特征	选项	数量
公司类型	知识密集型	90	成立时间	≤24	122
	传统	166		>24	134
国内外	国外	136	服务年限	<10	101
	国内	120		≥10	146
员工人数	<250	102	工作职位	高管	100
	≥250	154		中基层	156

资料来源：PLS 统计输出。

为确保测量问卷的可靠度及有效性，本书参考国内外文献已有相关研究量表进行相应修正，并预先进行相关专家咨询、小组讨论、CEO 访谈以及部分企业预调研。根据上述过程中遇见的问题，不断修正问卷，不断提高问卷的信度和效度。调查量表的具体信度指标本书采用 α 指标与组合信度（C.R.），见表 6 - 2。潜在变量的 α 值大于 0.8（远高于临界值 0.7），CR 值大于 0.8 临界值，表明整体问卷达到研究信度要求。

表 6 - 2　　　　　　组合信度、平均方差析出量、相关系数

变量	C. R.	AVE	A	S	L	I	P
S	0.897	0.593	0.860	1.000	—	—	—
L	0.911	0.594	0.884	0.836	1.000	—	—
I	0.877	0.589	0.830	0.55	0.447	1.000	—
P	0.894	0.546	0.860	0.712	0.726	0.605	1.000

注：组合信度 = Composie Reliabiity C. R.，平均方差析出量 = Average Variance Extrated（AVE），S = 组织变革，L = 组织学习，I = 创新，P = 绩效。

资料来源：PLS 统计输出。

为确保研究问卷区分效度，用相关系数与 AVE 进行比较，当潜在变量 AVE 平方根均大于该潜在变量与其他潜在变量的相关系数时，满足研究的区分效度。从表 6 - 2 中结果可见，各系数均小于 AVE 的平方根，问卷满足区分效度要求。

效度分析包括收敛效度与区分效度。本书采用因素载荷与平均方差析出量两个指标检验调查量表是否具有收敛效度，AVE 是计算各测量变量对该潜

在变量的平均解释能力，AVE 越高，表示该潜在变量有越高的信度和收敛效度。平均方差析出量 AVE 和检验所有题项的因素载荷均高于临界值 0.500，达到研究所需收敛效度。PLS 适合于变量数目多、非常态资料、样本较少、多元共线性、指标为原因指标和欲检验测量指标是否有效等情况，要求所选样本数是最大路径数的 5～10 倍。本章样本数（256）是最大路径数目（6）的 42.667 倍。通过对比 VisualPLS 和 SmartPLS 两软件计算结果，彼此之间没有太大不同，不存在软件选择问题。

PLS 的参数估计过程分为三阶段。第一阶段：估计各观察变量在相应潜在变量上的加权值；第二阶段：用第一阶段的各测量变量的平均加权值估计各受试者在各潜在变量上的分数；第三阶段：用各受试者在各潜在变量上的分数进行结构系数估计。

6.1.3   创新网络效应

用 PLS 方法测试组织变革、组织学习和创新之间的关系以及它们对企业绩效的影响，从模型的总体结果（见图 6－2）可见：组织变革能够解释学习能力方面的 69.8% 的差异，组织学习能力和组织变革共同使用，能够解释创新能力 56.4% 的差异；上述所有独立潜在变量能够解释创新绩效 40.1% 的差异。说明该概念模型具有一定说服力和解释能力。回归计算结果见表 6－3。

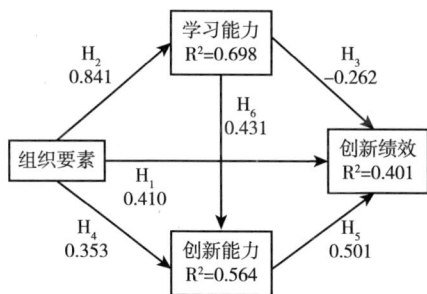

图 6－2   路径分析结果

组织变革是绩效改善的基础，不仅直接地而且间接地影响创新绩效（在几乎所有的水平上支持假设 H6－1）。同时组织变革对创新绩效的直接影响较大，而通过其他中介变量的影响作用相对较小。从宏观角度看，为了提高企业绩效，我国普遍进行的企业制度化改革对组织变革影响巨大，是为了适应环境变化组织变革，应对外在冲击提高企业竞争力和绩效的主要方法。

表6-3　　　　　　　　　　　　回归计算结果

企业特征	假设	H6-1	H6-2	H6-3	H6-4	H6-5	H6-6
	样本	S→P	S→L	L→P	S→I	I→P	L→I
总体水平	256	0.410 (3.101)	0.841 (37.212)	-0.262 (-2.101)	0.353 (3.312)	0.501 (4.623)	0.431 (4.122)
国外样本	136	0.712 (4.931)	0.831 (26.256)	-0.361 (-2.023)	0.471 (2.678)	0.380 (3.378)	0.240 (1.645)
国内样本	120	0.071 (0.543)	0.817 (25.223)	-0.050 (-0.345)	0.194 (1.745)	0.601 (3.156)	0.621 (4.923)
科技知识型	90	0.513 (2.789)	0.880 (33.453)	0.052 (0.421)	0.337 (1.829)	0.362 (2.525)	0.534 (2.722)
传统行业	166	0.309 (1.736)	0.782 (20.095)	-0.351 (-1.912)	0.342 (2.012)	0.534 (3.874)	0.375 (2.434)
成长型企业	122	0.181 (1.109)	0.844 (28.182)	-0.071 (-0.523)	0.311 (2.001)	0.682 (4.344)	0.517 (3.156)
成熟型企业	134	0.644 (3.433)	0.842 (24.231)	-0.445 (2.212)	0.320 (2.245)	0.364 (2.424)	0.444 (2.922)
高级管理者	100	0.418 (2.325)	0.810 (18.002)	-0.265 (-1.645)	0.434 (2.624)	0.610 (4.534)	0.373 (2.312)
中基层管理者	156	0.341 (1.911)	0.821 (30.268)	-0.183 (-1.234)	0.273 (2.118)	0.384 (2.096)	0.482 (4.211)
中小企业	102	0.383 (2.021)	0.842 (25.173)	-0.346 (-1.567)	0.272 (1.709)	0.713 (3.813)	0.551 (3.409)
大企业	154	0.482 (2.401)	0.852 (34.037)	-0.222 (-1.326)	0.391 (3.312)	0.342 (2.511)	0.406 (3.323)

注：表中括号内相应的 T 统计。

资料来源：PLS 统计输出整理。

组织变革对学习能力有积极的影响（支持假设 H6-2），传统的探索性和开发性研究也验证了组织变革对组织学习的直接效应，说明适当的组织变革对组织学习有促进作用，而组织协调沟通本身就是知识信息的交流，从而在一定程度上促进组织学习的进步。合理的组织变革可以有效帮助知识信息流动，对组织学习与知识转化有调节作用。

组织变革比组织学习对组织创新的作用大，且组织学习和绩效之间的统计关系不明显（拒绝了假设 H6 - 3），这说明组织可能对错误的事情进行学习，组织学习与绩效两者之间的联系存在时间滞后性，缺乏效能的学习或许并不能提升创新绩效，甚至会降低创新绩效水平。

企业的创新能力受组织变革和学习能力影响（支持假设 H6 - 4 和假设 H6 - 6），创新型组织富有适应性和学习能力，具有"有机文化"特点。已有研究表明，知识方面学习与创新具有紧密关系。

创新能力与创新绩效正相关（支持假设 H6 - 5），组织创新、技术创新与创新绩效间有牵引效应。这与我国倡导建立创新型企业的初衷基本相符。

组织学习有利于创新能力的提高（支持假设 H6 - 6），组织学习是提升组织创新能力的必要方式之一。

6.1.4　网络异质性路径

鉴于不同的组织特性对研究结果的影响，本书采用复式回归方法对上述结果的影响路径做进一步分析，具体结果见图 6 - 3 中的各路径关系。

从图 6 - 3 的路径分析可知，在高技术知识密集型行业，组织变革对绩效的作用主要体现在直接的影响和通过组织学习与创新行为的间接影响。知识密集型小企业更倾向于使用频繁的信息技术手段和组织学习。而中国国内拥有自主知识产权的企业少于万分之三，九成企业没申请过专利，我国高技术企业急需学习与创新的融合发展，不断提高高新技术企业的创新效率。

在传统行业，例如劳动或资本密集型产业中，组织变革主要通过创新能力影响绩效，组织学习对创新和绩效的影响都不明显。分权组织比集权组织拥有更多的创新机会。集权向分权组织变革在传统产业作用更明显。

对于成长型企业，组织变革间接通过创新能力影响创新绩效，而组织变革与公司绩效的统计关系不显著，这说明，在组织成长过程中，组织需要不

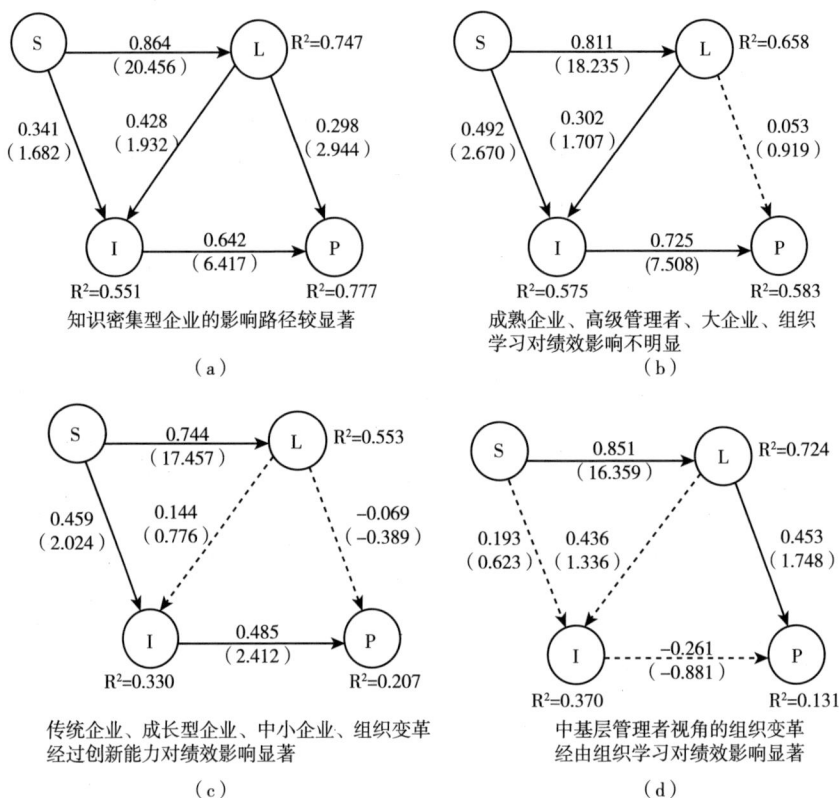

图 6-3　基于企业特性的路径分析

断调整组织策略，以创新绩效为导向，不断谋求生存和发展；对于成熟型企业，组织学习和创新能力在组织变革与公司绩效两者的关系中起到中介作用，而且成熟企业往往规模较大，组织结构复杂，过度组织学习加大组织成本，对创新绩效造成负面影响。

处于不同管理层次的人员对两者关系持有不同看法，高层管理人员认为组织变革主要通过组织学习和创新影响创新绩效，而中层和基层管理者认为只有组织学习具有协调作用，创新的影响不是那么重要。在日常工作中，高层管理者往往对组织创新比较关注，因而从企业整体角度，建立各个组织协同研发机制。但创新更是整个企业的重要工作，不仅仅是某个职能部门的任务，而中基层管理者往往是创新行为的具体实施者，对创新能力的整体性关注不够。

6.1.5 创新演化路径

本节考虑交叉影响的作用，根据行业特征 + 发展阶段构建了二维图，分析可能存在的具体作用。为了突出组织学习和创新能力的作用，暂时不考虑组织变革的直接影响效应，从路径角度分析交叉影响结果，如图 6 - 4 所示。

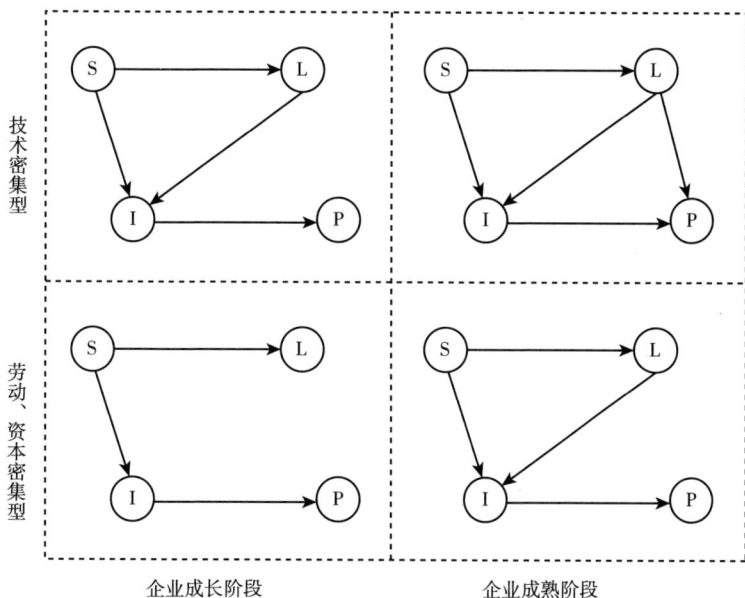

图 6 - 4 基于交互作用的二维路径分析

在企业成长阶段，尤其是在传统产业中，主要以提高创新能力来提高企业绩效，而组织学习的作用不明显，这是因为企业成长初期，企业规模小，主要以国家政策导向、政府支持、市场机遇等为基础，加上自身的技术创新等来获得收益，对知识积累和组织学习的重视不够；而对于高科技或知识密集型企业，本身要求信息充分共享和交流，同时创新技术知识对企业作用较大，简言之，企业在成长期往往遵循"组织变革→创新能力→创新绩效"的演化路径。

在企业的成熟阶段，企业往往具有一定规模，需要更多的协调和沟通，这时组织学习的重要性凸显，同时创新对绩效的作用明显。在传统企业中，组织变革通过组织学习以及创新的中介作用对创新绩效产生影响，简言之，企业成熟期往往遵循"组织变革→组织学习→创新能力→创新绩效"或"组织变革→创新能力→创新绩效"的路径。

6.1.6　小结

组织学习与创新网络带来的创新绩效变化表明，除组织变革是绩效直接改善的基础外，组织变革还通过组织学习和创新方面的路径调整绩效，同时组织学习通过创新对组织的绩效产生影响。这些结论取决于具体的企业特性：高新技术或知识密集型企业更注重组织学习与创新，而传统企业注重组织创新；成长型企业注重组织创新，成熟企业注重组织学习。企业应该与时俱进，适当的组织变革有利于促进组织学习与创新。组织创新路径对绩效的影响十分重要。相对比组织学习而言，管理者更应该重视对创新能力的培养。

6.2
技术创新网络的动态演化

国家设立了高新技术开发区、经济技术开发区等各种产业园区。希望吸引技术、人才、信息、资本等要素，集聚创新资源、获取协同效应、形成产业集群、促进创新发展。推动产业园区内企业由单一技术创新向产学研高效协同集群创新转型，希望吸引要素集聚，集成创新资源，有效促进创新要素流动与共享。多中心网络化空间结构有助于获取更多协同效应，促进产业集群的快速高效发展。

鼓励新型产业集群网络化协作组织和"平台—族群—个人"创新生态系统，形成"政府—市场—集群"组织共治、利益共享、风险共担的多元化网络治理模式。

依照系统论的思想，人们从创新的要素、结构、功能和演化视角研究技术创新网络。司春林和刘兰剑（2009）认为技术创新网络是一个以工艺创新或产品化为目标，以知识共享为基础，由许多组织构成的某种网络组织，参与者可以在新产品开发、生产加工及商业化运作的整个过程中加入企业创新活动并让其在网络中传播和发展。郑登攀和党兴华（2011）认为技术创新网络是由彼此互补的参与者合作关系的连接而形成的网络组织。阳银娟和陈劲（2011）基于创新过程，认为技术创新网络是从产品设计到技术创新再到商业化运作中形成的成套安排。陈丽影（2018）认为企业技术创新网络是围绕企业主体，以大学、科研机构、政府部门和教育机构等不同层次或者不同属性的网络结点为基础，以共同的创新目标建立交互的网络连接共同发挥主体创新作用的一种组织结构。

6.2.1　技术创新网络研究基础

对于企业的技术创新网络，国内外学者分别从形成模式、影响因素及形成动机等方面创新演化研究。创新网络形成的影响因素主要集中在知识转移能力、核心企业技术创新能力、成本约束、运行环境、组织架构和规模等方面。

知识转移能力帮助企业获得隐性知识、增强自主创新水平及取得竞争优势。网络信息流动促进新知识产生，增加网络知识架构多样性（Jamie，2006）。较大规模的网络架构中知识快速传播和转移，网络的相邻结点影响获取知识的能力以及网络结构形状（Tang，2008）。在技术创新网络中，企业应正确分辨利益和成本导向，拥有大量资源主体不一定获取最多收益（Cantner et al.，2010）。网络中的创新主体之间的沟通协调和知识转移促使企业获取超额收益（Huggins and Johnston，2010）。技术的多样性增加企业探索成本，网络密度改变创新模式和提高创新的概率（Phelps，2010）。创新成功的关键就是获得更多的隐性知识信息和增加技术创新效率（Jin，2010）。张玉韬等（2010）发现知识驱动是技术网络创新形成最重要的因素。谭劲松和邵云飞（2006）构建技术创新能力产生机理模型和条件，以系统论方法分析技术网络创新，找出代表系统关键要素的指标。薛伟贤等（2007）从网络嵌入性角度探究网络架构及创新网络演变的模型。陈英武和吴传荣（2013）针对高新技术企业构建了期望利润值随着知识信息流动而变化的方程。阮平南和刘晓燕（2013）等学者通过研究网络的生命周期理论，从各个方面论证不同阶段技术创新的转化动力。党兴华和石乘齐（2013）基于知识权力理论探讨了技术创新网络发展模型。黄永宝（2016）构建技术创新网络演化描述模型，提出网络内的知识流动性、研发投入力度以及网络节点联系的紧密性都将促进技术创新网络的演化。

6.2.2　创新网络构建及演化模型

由于企业技术创新网络拥有特定的连接机制和结构，创新主体通过频繁的互动进行有效率的创新。技术创新网络结构涵盖许多由不同性质结点组合而成的基本要素，组织中相互连接的结点形成关系链条，生产要素之间通过关系链条的流动而发挥效应。

选取系统动力学方法构建模型，研究的企业技术创新网络演化传导模拟系统主要涵盖下属三个子系统，即人才—技术循环、品牌效应及产品线三个子系统。将这三个子系统连接在一起便是完整的企业技术创新演化模拟系统，而这三个子系统的外围一同限定了系统模型的边界。如图 6－5 所示。

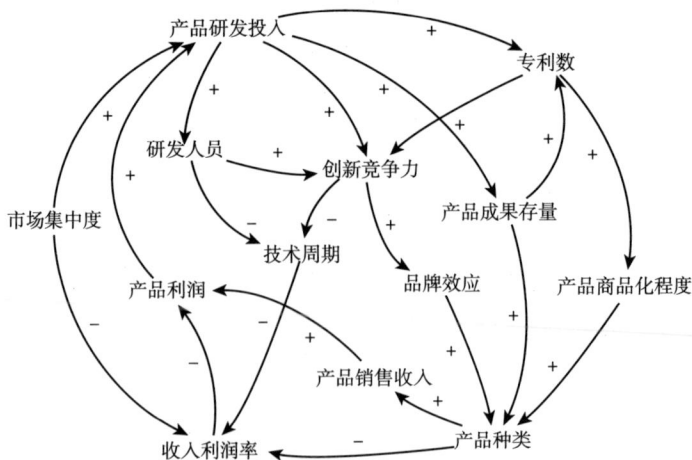

图 6－5　因果关系回路

资料来源：根据陈丽影 2018 年天津大学硕士论文《技术创新网络与资金风险传导模拟研究》整理。

　　系统模型主要基于以下基本假设：技术创新过程中网络的复杂性与其他不确定因素决定了企业主体应更好更快地跨界使用企业外部的核心技术、资源，最终以达到创新技术、赢得市场占有率、实现企业利润为目标。

　　企业加入技术创新网络中得到的技术优劣与市场竞争息息相关，不但要面临技术更新、升级、替代、淘汰的风险，还会出现研发人员流失、专利替代、工艺设备落后等风险。

　　（1）企业技术创新网络的形成和发展是一个连续且渐进的行为过程，其变化是缓慢的。

　　（2）创新投入主要包括人力和资金两方面的投入，专利数可以在一定程度上衡量技术创新网络体系形成后的企业创新能力。

　　企业加入技术创新网络后，由于各模块涉及的活动、环节各不相同，因此不同的变量表现出不同的动态变化形式。模型中各环节变量的设计，均采用市场上的可得数据且足以描述企业经营活动中的数量表现，可以达到通过追踪变量来运行动态仿真模型的效果。

　　总体来看，因果关系回路图通过因果回路具体反映以企业为主体的创新演化系统中各个要素之间的关系，表示企业技术创新网络中的企业主体内部的完整的生产经营流程。市场集中度以及产品利润的作用均在一定程度上影响产品研发投入，而产品研发投入的增加将导致研发人员比例、企业创新竞争力、产品成果存量与专利数的增加，进而呈网状散开，最终影响至企业产品利润，这样就形成了一个多组合多因素的因果闭合循环系统。在后期模拟过程中通过改变其初始设定值来观测并记录目标变量值变动，把变量分门别类，合理区分系统中各变量的属性。将设计变量根据性质加以区分：状态变量（产品研发投入、产品种类、产品销售收入、有效专利数），速率变量（研发投入增加量、专利增加量、专利减少量、产品种类增加量、产品销售收入增长额、产品销售收入减少额），中间变量（产品研发增长率、创新竞争力、技术研发周期因子、收入利润率、品牌效应因子、产品商品化程度、产品种类增长率、产品利润率、产品利润、产品销售收入年增长率），常量（研发人员比例、技术购置比率即技术并购成功率、专利的年失效率、市场集中度、产品自然衰减率）。根据因果关系建立企业技术创新网络演化系统流，如图 6-6 所示。

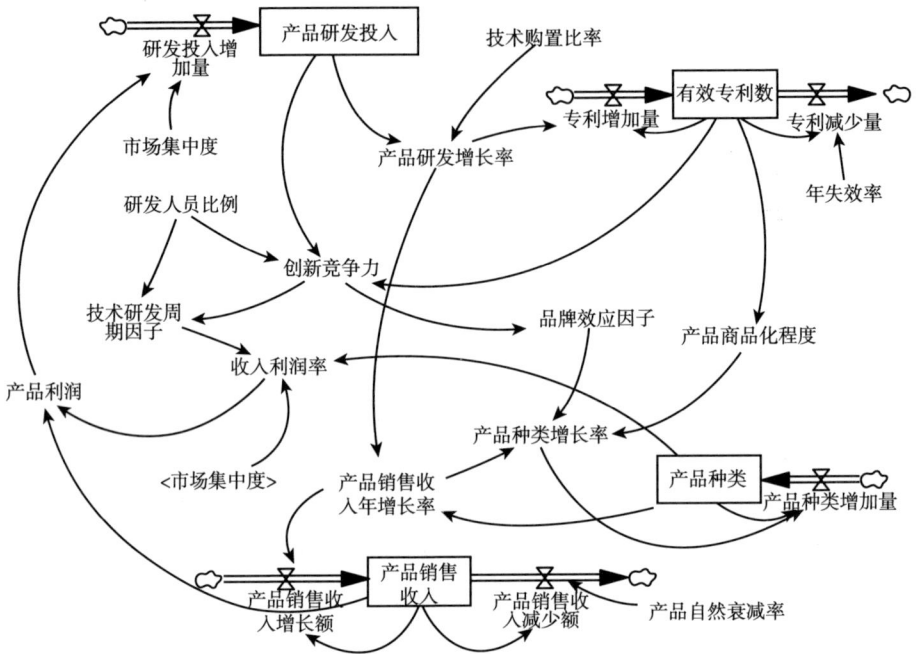

图 6-6　企业技术创新网络演化系统流

资料来源：根据陈丽影 2018 年天津大学硕士论文《技术创新网络与资金风险传导模拟研究》整理。

采用表函数、函数逻辑关系等方法，并参考历年研究文献，建立系统中各参数的方程式。该模型主要涉及的变量及公式见表 6-4。

表 6-4　　　　　　　　　　　主要变量及方程式

变量名称	定义与方程公式
专利减少量	年度有效专利数 × 年度专利失效率
专利增加量	年度有效专利数 × 产品研发增长率
产品利润	产品销售收入 × 收入利润率
产品商品化程度	LN（年度有效专利数）
产品研发增长率	（A-技术并购成功率）+B×（产品研发投入^2）-C×产品研发投入
产品研发投入	INTEG（研发投入增加量，D）
产品种类	INTEG（产品种类增加量，E）
产品种类增加量	产品种类 × 产品种类增长率
产品种类增长率	F+G×销售收入年增长率+H×品牌效应+I×产品商品化程度

变量名称	定义与方程公式
产品销售收入	INTEG（销售收入增长额 – 产品销售收入减少额，J）
产品销售收入减少额	产品销售收入 × 产品自然衰减率
产品销售收入增长额	产品销售收入 × 销售收入年增长率
产品销售收入年增长率	K + L × 产品种类 + M × 产品研发增长率
创新竞争力	N × 研发人员比例 + O × 产品研发投入 + P × 有效专利数
品牌效应	Q × 创新竞争力
技术研发周期	1/创新竞争力 + 1/研发人员比例
收入利润率	（R + 市场集中度）+ S × 产品种类 + T ×（技术研发周期^2）
有效专利数	INTEG（专利增加量 – 专利减少量，U）
研发投入增加量	（V – 市场集中度）+ W ×（产品利润^2）

资料来源：根据陈丽影 2018 年天津大学硕士论文《技术创新网络与资金风险传导模拟研究》整理。

表 6-4 中，A~W 代表初始值、权重、参量等；a~d 代表常量和基准值：a（市场集中度）＝0.7，b（研发人员比例）＝0.25，c（技术购置比率）＝0.01，d（年失效率）＝0.05。模型构建与测试、系统边界合理性检测、单位一致性检测、结构评价检测、模型有效性等系统动力学的构建和测试检验程序，在此省略。

6.2.3 创新网络演化仿真主要结论

本章样本数据主要来源于《中国统计年鉴》、国泰安 CSMAR 数据库、万得数据库以及深沪交易所网站。在确定方程模式、选取样本、拟定初始值与变量参数时，范围为 156 家隶属于证监会行业分类下的"计算机、通信和其他电子设备制造业"的企业为仿真主体，以 2010~2015 年度作为样本观察期。基础数据来自沪深两市的主要高技术上市公司科技创新活动、财务数据、生产经营活动和行业标准系数等，利用 VENSIM 软件建立方程对技术创新系统进行演化仿真分析。

对于目标变量等仿真数据，主要选取如下变量进行改变：市场集中度、研发人员比例、技术购置比率以及专利年失效率。当系统循环体系外的常量变化时，系统中的各个辅助变量、状态变量通过相互之间的作用及系统外常量的刺激而不断发生变化，从而最终影响产品利润。主要模拟结果与结论如下。

（1）市场集中度变化的影响分析。当市场集中度增加时，最终的产品利润相应增加。市场集中度的变化与企业最终产品利润呈某种正相关关系。当市场集中度下降、整个行业的产品市场结构面临较大调整时，产品消费趋势改变，行业内以企业为主体的产品利润将随之下调，这将使得企业面临一定的经营风险。市场集中度的变化对系统中其他过程变量也带来了一定的影响，市场集中度的传导路径通过影响研发投入增加量及收入利润率而使系统中其他因素发生变化。

（2）自主研发人员比重调整的影响方面。企业各个创新要素通过技术并购加入技术创新网络后，自主研发人员比例相应增加，有利于企业产品利润的提高。对于企业技术创新而言，内部的自主研发资金投入和人员配比是技术创新的基础，尤其技术人员是最积极能动的创新因子。在同等价格涨幅下，自主研发人员比例变化对企业产品利润的影响不及市场集中度对产品利润的影响。当企业研发人员比重饱和时，自主研发过度，人浮于事，也会降低企业创新能力，使企业利润受到一定的影响。研发人员比例变化通过影响技术研发周期因子及企业创新竞争力来影响收入利润率等相关变量。

（3）技术并购成功率变化问题。一般情况下，技术并购的成功概率相对比较低，因此对日常的企业经营和技术创新而言，自主研发是常态。而技术并购是在产品换代和研发成本相对较高时才会有的动力。当企业技术并购成功率增加时，产品利润会随之小幅度增加，但其影响程度远小于前两者。因此高科技企业的自主研发还是主要的创新网络源泉，并购技术只能是辅助手段。只有双方的知识、技术、人才等条件比较成熟时，技术并购的成功率才能提高。技术并购影响产品研发增长率，随后影响产品销售收入增长率，最终传播至企业利润。

（4）专利年失效率变化的影响。产品能够销售出去与产品的独特功用息息相关，而产品的异质性和竞争力来源于企业对产品倾注的研发和技术专利。当专利年失效率不断增加时，企业产品的销售利润会有所下降，从模拟来看变化幅度较小。专利失效后，竞争者和模仿者进入该产品领域，加剧了竞争的激烈程度。专利年失效率直接影响有效专利数进而影响企业创新竞争力、产品商品化程度及产品种类增长率等因素。专利保护期带来的超额利润必然受到冲击。但是，由于专利对产品的传递路径和影响时效较长，不可控因素较多，因而对利润的影响长期来看并不稳定。

6.2.4 小结

本章对企业技术创新网络形成及其演化规律进行系统动力学仿真，选取计算机、通信和其他电子设备制造行业中156家主板上市公司作为模拟测算对象，将筛选后的数据在模型中运行，获取模拟结果并进行多边对比；对关键因素的传播效应及路径予以重点关注，各个创新因子调整对最终产品利润的传导及影响程度可以得到如下结论。

市场集中度是影响企业日常生产经营成果的最显著因素，企业管理的重点是以营销为首要任务，是企业利润得以实现的关键。除此之外，长期来看，创新能力的培养必不可少。在创新路径中，自主研发和创新技术并购方式相辅相成，模型中研发人员比例和技术并购成功率两因素比市场集中度的作用小，技术并购通过自主研发影响企业的创新能力。调节创新系统网络平衡的两个关键因素均与企业产品利润正相关；对比而言，自主创新的作用更显著。对于专利年失效率、企业技术创新网络链接和结点失效、连接不畅或技术转移环节出现问题，造成有效专利数量减少，企业依赖的技术优势降低，产品独特性不复存在，产品利润会趋于下降。

以研发人员比例、技术购置比率和专利年失效率为代理变量的单个技术风险相比于市场集中度等市场外部因子的影响程度较小。但对于企业主体来讲，假使上述相关技术因子产生叠加效应，则企业主体乃至整个技术创新网络都将面临技术风险和产品换代危机。

当市场集中度、研发人员比例、技术购置比率以及专利年失效率这些因子波动可以通过影响其他变量并作用于不同路径，最终在不同程度上影响企业主体的产品利润，进而演化为企业日常生产经营过程当中的经营风险因素。

现实中，对于单个企业来说，很难具备实现创新的所有要素，越来越多的企业选择走合作化道路，最终形成企业技术创新网络。成功地进入技术创新网络中去创造自身价值，能够规避技术风险、实现各参与主体的共赢。只有通过准确识别、有效控制管理与合理规避相关风险，才能保证企业生产经营活动高效运行。

对于不同创新因素，本书提出以下对策建议。

（1）加强对外技术交流，及时感知市场消费动态。企业主体所面临的外部风险大多由政府政策、市场需求等变动引起的，多体现为对行业市场集中度的影响。企业应该增强和网络外部主体的协作与联络，并且和网络内部机构建立适当的联系，拓展多方市场及业务形式，关注行业集中度，严防因外力变化导致的市场集中度对研发投入增加量及收入利润率的影响，使得相关传导变量与正常生产经营所需的系数比例保持相对稳定；充分了解市场信息及消费者的需求变化，做到提前感知、预测市场，凭借企业技术创新网络提升企业主体在市场中的竞争力。

（2）自主研发创新人才知识相对稳定发展。企业研发能力的高低、对网络中其他主体的技术依赖、技术的成熟度、技术的吸收转化能力、专利失效率以及技术人员的流失等，都能在一定程度上影响企业最终的产品利润。技术创新网络中企业应充分考虑新技术的可行性、创新能力及企业自身转化能力，对技术创新活动有足够的创新人才及研发资金投入。对企业内部相关人员进行培训，进行自主研发、掌握核心技术，提高创新效率；降低关键人才和掌握相关技术的核心创新员工流出比率，采用新型薪酬股权激励措施、签订保密协议等必要措施降低员工流出比率。增加知识产权保护意识，合理管理已有的核心技术专利，组织专门人员定期进行统计、管理和更新。

第7章

本书主要结论与展望

结合国内外相关研究资料，经过理论分析和实证检验，针对企业自主的技术创新体系，从自主研发和技术并购两个视角的研究，本书得出如下主要结论。

1. 优化技术并购决策出发点

并购决策适当与否直接关系并购双方预期目标能否达成，因此优化企业并购决策机制、把握并购时机至关重要。（1）并购初期，企业应当做好研发调研与目标筛选，尽量并购与自身技术相关的行业，减少前期研发投入风险。并购方可以对目标企业的技术知识进行识别和分类管理。实证研究表明，内源式创新和研发的内部支出，相对于外源式创新和研发的外部支出，对企业技术创新的作用更明显。即使引入利益和成长因子，技术创新转化能力始终显著影响企业技术并购决策，这种影响在并购周期中具有一定的选择比例，具有一定的内部研发激励效能。相对于未发生并购的公司，做出并购决策公司在并购后专利申请数均明显高于未并购公司。（2）在并购决策时期，并购方在技术人才占比较高和创新转化能力较强时，显著提升企业的技术创新能力。当并购方企业创新转化能力较弱时，更倾向于技术并购，直接获取外部技术资源，采用并购等外延式发展手段；当企业技术创新转化能力较强时，内生发展更大程度依赖于研发人员的积极性和创新转化能力，并能规避并购整合不力的风险。从决策角度看，技术并购需要对企业本身及目标方的技术创新能力要素比较了解和熟悉，选择拥有适当的创新特性的并购目标方，充分把握并购时机和成本，为并购后技术创新的整合夯实基础。

2. 促进自主研发与技术并购模式的相互融合

企业融资约束程度越高，自主研发投入的机会成本越大，研发活动的长期财务风险越高。采取兼并的企业的总体技术效率高于采取收购的企业，收购产生的纯技术效率要比兼并高。从研发费用、研发人员、研发设备三个方面实证分析自主研发投入对技术并购后创新绩效影响。自主研发费用对技术并购的演化影响较高，说明通过并购获取技术知识必须有较高的自主创新能力和技术认知能力。技术并购后不急于削减研发费用投入，而是持续地进行内部研发，是实现技术并购绩效提升重要条件；研发人员投入存在一定优化区间，企业应确定投入高层次研发人员，持续优化研发团队结构。企业应从长期战略角度来考虑增加技术并购后的研发设备投入，增强研发基础设施建设，提升"技术创新＋发展模式"融合程度。技术并购对企业自主创新能力的提升具有关键作用，这也是内外技术要素整合产生协同作用的基础。企业不断挖掘自身的商业模式，将技术创新和企业发展模式有机的结合，提高综合竞争实力。

3. 积累知识基础，认识技术差距，提升创新要素的转化能力

创新转化能力的是企业技术并购的关键，企业需要重视自身创新成果积累。并购方原有的知识基础、技术人才、公司创新效率和创新投入水平正相关。并购双方技术差距对知识基础和研发投入、创新效率间关系起抑制作用，对技术人才和创新效率具有较显著的正向影响。并购双方技术差距较大时，并购方需要进行更多资源整合，从而占用更多资金和时间成本，抵消了研发投入的作用。并购双方技术差距不是很大的时候，并购双方的技术人员储备了一定的知识基础才能为整合目标方的资源提供技术支持。技术差距对技术人员水平和研发投入、创新效率间的关系起不同作用，创新成果的交流体系和转化标准具有一定的重要性。

并购双方的技术差距、创新能力不平衡，不仅是创新转化能力问题，也是研发人力激励、知识基础、投入资金和创新效率的问题。技术并购对自主研发带来的创新具有积极作用。并购后企业的创新绩效发展趋势总体来说逐步提高，但有一定的滞后性。知识基础在企业并购过程中在技术人员与企业并购绩效、企业研发投入和企业并购绩效之间起到了中介作用，并购公司应注重提高与目标公司技术相关的技术基础储备，以利于对并购决策做出正确的判断，快速消化吸收并购对象的技术并融合创新，使并购之后的技术创新与专利创造顺利进行。技术人才能够有效提高并购公司的创新绩效，是影响企业知识基础积累的重要因素，是企业技术并购的关键资源。企业应当调控并购中的技术人员数量和比例，使技术人员的智力得到充分发挥，真正参与并购中的创新与研发合作；在并购后及时做出人员调整，留住关键人才特别是具有技术创新能力的人才；采用有效的激励机制，做好技术创新文化的整合，关注员工需要并加强沟通与交流。同时，也应看到人、财、物的自主研发投入也有适当的优化区间，结合企业的自身实践，选择合适的自主研发比例以及要素结构比例，促进创新效率的提高，借助技术并购，利用创新转化能力，创造新的技术创新能力。

4. 技术创新要素和技术能力的演化

技术并购能够有效促进并购后的技术创新演化，实施技术并购的企业在并购后三年内专利申请数量方面显著高于未进行技术并购企业。技术并购对企业创新的促进作用主要体现在降低获取最新技术所需要的时间和精力、降低企业研发风险以及快速适应市场变化等。自主研发强度推动技术并购创新演化。想要通过技术并购来获得目标企业技术资源推动自身技术创新，并购方自身也需要不断进行创新自主研发投入。技术并购能获得目标企业的技术资源，将这些创新资源内化、对目标公司的技术资源适当地改造，才能实现真正的技术创新。技术并购的创新演化也具有时效性，并购在短期内通过自主研发强度显著影响技术并购和创新演化。企业在其技术并购后保持持续的自主研发和高强度的要素投入，才能保证技术并购中所获得技术资源能够为并购方消化吸收并带来持续发展。企业要实现技术并购后长期持续性创新演化提升，需要持续进行研发投入。

企业创新效率与其技术并购后创新演化正相关，并且呈现出一定时间内的持续性演化效果。与自主研发投入不同，创新效率显示出并购方的创新能力在一定时期内稳定，对企业并购三年内的创新演化均产生显著的正向影响。企业自身创新效率体现在其在单位时间内将一定的技术资源或研发投入转化成商业化生产技术或竞争力。自身创新效率较高的并购方对其在技术并购中获得的技术资源能够高效地转化为专利和技术，对企业自身技术突破具有重要意义。

5. 推进并购整合网络化和创新演化

企业中的组织变革和要素整合通过知识学习和创新能力路径影响创新绩效。企业创新系统网络的形成，需要从知识信息传播和创新学习能力入手，通过技术知识交流，拉近并购双方技术差距，促进双方知识、技术的整合和再创新。公司外部技术的获取尤其是技术并购依赖于内部研发投入和人才在知识技术方面的积累，企业应注重内部技术风险管控，加强相关技术创新因子的相互配置和对策统筹。研发人员比例、技术购置比率以及专利年失效率通过不同路径影响企业产品利润和经营风险，相关技术因子产生复杂的叠加效应，对企业技术创新网络具有一定影响。营造学习型组织，采用多种技术和知识传播，通过学习消化吸收新知识，对技术并购和创新绩效具有积极作用。

除了上述结论，本书的研究也存在诸多问题，寄望未来能够从以下几个方面进一步展开研究。

（1）未来对技术并购的研究可以从技术创新和金融资本结合角度，从金融相关融投资和资金视角、资本市场、财税等多个视角进行分析，在这方面，可以借鉴田轩（2018）等学者的研究视角，探索技术和资本的相互作用机制。

（2）未来的技术并购可以着重从人才与激励视角进行分析。技术创新不仅仅是企业的自主研发，更多是高层管理者的创新战略和技术决策，管理者的自身对"技术＋战略＋发展"的决策，在认识研发风险的基础上，通过决策保险、群策群力、创新激励等方式，对人力结构和异质性等方面的影响进行研究。将技术研发人员的结构和技术管理人员的特质相互结合，另外也可以结合人员的知识属性和技术属性深入分析。

（3）从技术并购后的各个要素整合和创新协同视角，可以借鉴王宛秋（2014）的技术并购的协同效应研究基础，探索各技术要素的融合发展。创新的成果不仅仅是专利和新产品等传统要素，应突破企业的边界，引导产品的更高层次创新。

（4）数字经济和新媒体的融合，对原有的传统创新体系和网络带来深刻的影响，对传统创新要素和体系需要进行重新剖析和认识。通过破除传统系统论和要素结构论的思维方式，从合作和演化视角对新信息革命下的技术创新的各个新要素和模式进行剖析，探索平台经济、网络信息、数字和文本等新经济要素对技术并购的影响。

参 考 文 献

[1] 白俊红，李婧. 政府 R&D 资助与企业技术创新 [J]. 金融研究，2011 (6)：181 –193.

[2] 包国宪，任世科. 政府行为对企业技术创新风险影响路径 [J]. 公共管理学报，2010 (2)：98 –103.

[3] 鲍新中，陶秋燕，盛晓娟. 企业并购后整合对创新影响的实证研究——基于资源整合产生协同效应角度的分析 [J]. 华东经济管理，2014，28 (8)：101 –106.

[4] 蔡庆丰，田霖，郭俊峰. 民营企业家的影响力与企业的异地并购——基于中小板企业实际控制人政治关联层级的实证发现 [J]. 中国工业经济，2017 (3)：156 –173.

[5] 曹崇延，金慧. 无形资产和实物资产对中国上市公司并购绩效的影响 [J]. 天津大学学报：社会科学版，2013，15 (3)：214 –218.

[6] 陈国权. 组织学习和学习型组织：概念能力模型测量及对绩效的影响 [J]. 管理评论，2009，21 (1)：107 –116.

[7] 陈劲，陈钰芬. 企业技术创新绩效评价指标体系研究 [J]. 科学学与科学技术管理，2006 (3)：86 –91.

[8] 陈劲，黄淑芳. 企业技术创新体系演化研究 [J]. 管理工程学报，2014，28 (4)：219 –227，218.

[9] 陈劲，阳银娟. 协同创新的理论基础与内涵 [J]. 科学学研究，2012，30 (2)：161 –164.

［10］陈丽影. 技术创新网络与资金风险传导模拟研究［D］. 天津：天津大学硕士论文，2018.

［11］陈思，何文龙，张然. 风险投资与企业创新：影响和潜在机制［J］. 管理世界，2017（1）：158 - 169.

［12］陈通，王辉. 高技术企业并购的知识资本协同风险研究［J］. 科技进步与对策，2008，25（7）：176 - 178.

［13］党兴华，郑登攀. 对创新网络17年研究文献述评的进一步述评［J］. 研究与发展管理，2011，23（3）：9 - 15.

［14］冯根福，温军. 中国上市公司治理与企业技术创新关系的实证分析［J］. 中国工业经济，2008（7）：91 - 101.

［15］付雷鸣，万迪昉，张雅慧. VC是更积极的投资者吗［J］. 金融研究，2012（10）：125 - 138.

［16］苟燕楠，董静. 风险投资背景对企业技术创新的影响研究［J］. 科研管理，2014，35（2）：35 - 42.

［17］官建成，陈凯华. 我国高技术产业技术创新效率的测度［J］. 数量经济技术经济研究，2009，26（10）：19 - 33.

［18］郝清民，郝正阳. 兼并与收购对发起方创新绩效影响分析［J］. 上海管理科学，2015，37（4）：14 - 21.

［19］郝清民，钱书生. 组织内源式创新与外源式创新的跨国比较［J］. 天津大学学报（社会科学版），2012，14（6）：481 - 485.

［20］郝清民，任欢欢. 技术并购与研发的创新演进绩效研究［J］. 科技进步与对策，2015，7（16）：63 - 68.

［21］郝清民，孙雪. 高管特质风险偏好与创新激励［J］. 现代财经，2015（11）：60 - 70.

［22］郝清民. 基于学习与创新视角组织变革绩效路径分析. 第11届中国技术管理年会，2014/4/19 - 4/22.

［23］郝清民. 融资约束下的研发与长期财务风险［J］. 科研管理，2020，41（10）：54 - 62.

［24］洪亮. 基于技术创新的企业并购决策研究［D］. 天津：天津大学

硕士论文，2018.

[25] 黄淙淙. 产权性质股权激励与企业技术创新 [J]. 财政研究，2011
(9)：71 - 74.

[26] 黄璐，王康睿，于会珠. 并购资源对技术并购创新绩效的影响
[J]. 科研管理，2017，38 (S1)：301 - 308.

[27] 蒋军锋，张玉韬，王修来. 知识演变视角下技术创新网络研究进展
与未来方向 [J]. 科研管理，2010，31 (3)：68 - 77.

[28] 李春涛，宋敏. 中国制造业企业的创新活动：所有制和 CEO 激励
的作用 [J]. 经济研究，2010，45 (5)：55 - 67.

[29] 李华晶，邢晓东. 高管团队与公司创业战略：基于高阶理论和代理
理论融合的实证研究 [J]. 科学学与科学技术管理，2007 (9)：139 - 146.

[30] 李玲，陶厚永. 纵容之手引导之手与企业自主创新 [J]. 南开管理
评论，2013，16 (3)：69 - 79.

[31] 李培馨，谢伟. 影响技术并购效果的关键因素 [J]. 科学学与科学
技术管理，2011，32 (5)：5 - 10.

[32] 李佩云. 制造业公司治理对技术创新的影响研究 [D]. 天津：天
津大学硕士论文，2018.

[33] 李伟，冒乔玲. 中小板上市公司技术创新对企业绩效影响的实证研
究 [J]. 科技管理研究，2016，36 (6)：159 - 162.

[34] 李宇，张晨，王丽军. 企业技术并购与创新绩效的关系研究 [J].
科技管理研究，2016，36 (18)：192 - 197.

[35] 梁彤缨，雷鹏，陈修德. 管理层激励对企业研发效率的影响研究
[J]. 管理评论，2015，27 (5)：145 - 156.

[36] 刘春，李善民，孙亮. 独立董事具有咨询功能吗？[J]. 管理世界，
2015 (3)：124 - 136，188.

[37] 刘端，朱颖，陈收. 企业技术并购、自主研发投资与创新效率 [J].
财经理论与实践，2018，39 (2)：51 - 58.

[38] 刘开勇. 企业技术并购战略与管理 [M]. 北京：中国金融出版
社，2004.

[39] 刘胜强，刘星. 上市公司负债水平对企业 R&D 投资的影响 [J]. 科技进步与对策，2011，28（11）：87－90.

[40] 刘晓佳. 高技术企业的研发投入与技术并购绩效 [D]. 天津：天津大学硕士论文，2018.

[41] 刘振，刘博. 股权集中度、管理者薪酬组合与自主创新投资 [J]. 科研管理，2018，39（12）：95－102.

[42] 卢馨，郑阳飞，李建明. 融资约束对企业 R&D 投资的影响研究 [J]. 会计研究，2013（5）：51－58.

[43] 鲁桐，党印. 公司治理与技术创新：分行业比较 [J]. 经济研究，2014，49（6）：115－128.

[44] 陆国庆. 中国中小板上市公司产业创新的绩效研究 [J]. 经济研究，2011（2）：138－148.

[45] 陆瑶，张叶青，贾瑞等. 辛迪加风险投资与企业创新. [J]. 金融研究，2017（6）：159－175.

[46] 马卫华，李雅雯，许治. 中国技术创新研究——基于国家科学基金资助课题分析 [J]. 科研管理，2014，35（7）：1－12.

[47] 潘红波，余明桂. 支持之手，掠夺之手与异地并购 [J]. 经济研究，2011（9）：108－120.

[48] 屈晶. 企业技术并购与创新绩效的关系研究 [J]. 科学管理研究，2019，37（2）：122－126.

[49] 任欢欢. 技术并购与自主研发的创新演进研究 [D]. 天津. 天津大学硕士论文，2015.

[50] 任曙明，许梦洁，王倩，董维刚. 并购与企业研发：对中国制造业上市公司的研究 [J]. 中国工业经济，2017（7）：137－155.

[51] 邵云飞，谭劲松. 区域技术创新能力形成机理探析 [J]. 管理科学学报，2006，9（4）：1－11.

[52] 石晓军，王骜然. 独特公司治理机制对企业创新的影响 [J]. 经济研究，2017，52（1）：149－164.

[53] 谭劲松. 关于中国管理学科定位的讨论 [J]. 管理世界，2006

（2）：71 - 79.

[54] 唐清泉，易翠. 高管持股的风险偏爱与 RD 投入动机 [J]. 当代经济管理，2010（2）：20 - 25.

[55] 唐未兵，傅元海，王展祥. 技术创新、技术引进与经济增长方式转变 [J]. 经济研究，2014，49（7）：31 - 43.

[56] 田轩. 创新的资本逻辑 [M]. 北京：北京大学出版社，2018.

[57] 王大洲. 企业创新网络的进化机制分析 [J]. 科学学研究，2006，24（5）：780 - 786.

[58] 王红霞，高山行. 基于资源利用的企业 R&D 投入与创新产出关系的实证研究 [J]. 科学学研究，2009（2）：567 - 572.

[59] 王金桃，裴玲. 技术并购对高科技公司绩效影响研究 [J]. 科技管理研究，2013，33（4）：136 - 143.

[60] 王俊. R&D 补贴对企业 R&D 投入及创新产出影响的实证研究 [J]. 科学学研究，2010（9）.

[61] 王宛秋，马红君. 技术邻近性研发投入与技术并购创新绩效 [J]. 管理评论，2019，31（12）：41 - 50.

[62] 王宛秋. 企业技术并购协同效应研究 [M]. 北京：经济科学出版社，2014.

[63] 王维，李宏扬. 新一代信息技术企业技术资源、研发投入与并购创新绩效 [J]. 管理学报，2019，16（3）：389 - 396.

[64] 王艳. 混合所有制并购与创新驱动发展 [J]. 管理世界，2016（8）：150 - 163.

[65] 王燕妮，李爽. 基于自由现金流的高管激励与研发投入关系研究 [J]. 科学学与科学技术管理，2013，34（4）：143 - 149.

[66] 王珍义，徐雪霞，伍少红，高莉. 技术并购、相对技术差异与技术创新 [J]. 科技进步与对策，2015，32（12）：19 - 24.

[67] 魏成龙，张洁梅. 企业并购后知识整合传导机理的实证研究 [J]. 中国工业经济，2009（5）：119 - 128.

[68] 魏江，寿柯炎，冯军政. 高管政治关联、市场发育程度与企业并购

战略——中国高技术产业上市公司的实证研究 [J]. 科学学研究, 2013, 31 (6): 856 – 863.

[69] 温成玉, 刘志新. 技术并购对高技术上市公司创新绩效的影响 [J]. 科研管理, 2011, 32 (5): 1 – 7, 28.

[70] 吴传荣, 曾德明, 陈英武. 高技术企业技术创新网络的系统动力学建模与仿真 [J]. 系统工程理论与实践, 2010, 30 (4): 587 – 593.

[71] 吴浩强. 产权性质视角的企业文化与并购技术创新效率 [J]. 财经理论研究, 2019 (4): 94 – 102.

[72] 吴先明, 苏志文. 将跨国并购作为技术追赶的杠杆: 动态能力视角 [J]. 管理世界, 2014 (4): 146 – 164.

[73] 吴先明. 我国企业知识寻求型海外并购与创新绩效 [J]. 管理工程学报, 2016, 30 (3): 54 – 62.

[74] 冼国明, 明秀南. 海外并购与企业创新 [J]. 金融研究, 2018, 458 (8): 159 – 175.

[75] 肖海莲, 唐清泉, 周美华. 负债对企业创新投资模式的影响 [J]. 科研管理, 2014, 35 (10): 77 – 85.

[76] 谢洪明, 刘常勇, 陈春辉. 市场导向与组织绩效的关系 [J]. 管理世界, 2006, 2 (1): 80 – 94.

[77] 谢伟, 孙忠娟, 李培馨. 影响技术并购绩效的关键因素研究 [J]. 科学学研究, 2011, 29 (2): 245 – 251.

[78] 辛冲, 石春生, 吴正刚. 结构导向组织创新技术创新与组织绩效的牵引效应 [J]. 研究与发展管理, 2008, 20 (1): 45 – 51.

[79] 徐强, 李垣. 组织结构敏感性对组织绩效的影响分析. 现代管理科学, 2009 (4): 34 – 35.

[80] 徐全军. 企业并购后无形资源冲突整合的知识分析 [J]. 南开管理评论, 2002, 5 (4): 7 – 11.

[81] 许昊, 万迪昉, 徐晋. 风险投资背景、持股比例与初创企业研发投入 [J]. 科学学研究, 2015, 33 (10): 1547 – 1554.

[82] 许长新, 陈灿君. 技术并购对企业创新绩效的影响 [J]. 科技管理

研究，2019，39（14）：158-164.

[83] 颜士梅. 创业型并购不同阶段的知识员工整合风险及其成因 [J].
管理世界，2012（7）：108-123.

[84] 易信，刘凤良. 金融发展、技术创新与产业结构转型 [J]. 管理世界，2015（10）：24-39，90.

[85] 于成永，施建军. 技术并购，创新与企业绩效：机制和路径 [J].
经济问题探索，2012（6）：103-109.

[86] 于开乐，王铁民. 基于并购的开放式创新对企业自主创新的影响
[J]. 管理世界，2008（4）：150-159，166.

[87] 张晗. 组织结构对组织学习与知识转化关系影响研究 [J]. 中国管理科学，2008，16（1）：571-575.

[88] 张娜娜，苏敏艳，郑慧凌等. 技术并购对医药企业创新绩效的影响：基于吸收能力和动态能力的分析 [J]. 科技管理研究，2019，39（21）：147-153.

[89] 张学勇，廖理. 风险投资背景与公司IPO：市场表现与内在机理
[J]. 经济研究，2011（6）：118-132.

[90] 张学勇，柳依依，罗丹等. 创新能力对上市公司并购业绩的影响
[J]. 金融研究，2017（3）：159-175.

[91] 张学勇，张叶青. 风险投资、创新能力与公司IPO的市场表现
[J]. 经济研究，2016（10）：112-125.

[92] 张峥，聂思. 中国制造业上市公司并购创新绩效研究 [J]. 科研管理，2016，37（4）：36-43.

[93] 郑骏川. 技术并购企业研发支出对企业绩效的影响 [J]. 中南财经政法大学学报，2012（3）：15.

[94] 钟田丽，马娜，胡彦斌. 企业创新投入要素与融资结构选择 [J].
会计研究，2014（4）：66-73，96.

[95] 周城雄，赵兰香，李美桂. 中国企业创新与并购关系的实证分析
[J]. 科学学研究，2016，34（10）：1569-1575，1600.

[96] 周默涵，柳庆刚. 内生性并购下的研发激励 [J]. 世界经济文汇，

2013 (1): 15 – 23.

[97] 周煊, 程立茹, 王皓. 技术创新水平越高企业财务绩效越好吗 [J]. 金融研究, 2012 (8): 166 – 179.

[98] 朱德胜, 周晓珮. 股权制衡、高管持股与企业创新效率 [J]. 南开管理评论, 2016, 19 (3): 136 – 144.

[99] 朱晋伟, 彭瑾瑾, 刘靖. 高层管理团队特征对企业技术创新投入影响的研究 [J]. 科学决策, 2014 (8): 17 – 33.

[100] 朱平芳, 徐伟民. 政府的科技激励政策对大中型工业企业 R&D 投入及其专利产出的影响 [J]. 经济研究, 2003 (6): 45 – 53.

[101] 朱有为, 徐康宁. 中国高技术产业研发效率的实证研究 [J]. 中国工业经济, 2007 (11): 38 – 45.

[102] Aggarwal V, Hsu D. Entrepreneurial exits and innovation [J]. Management Science, 2014, 60 (4): 867 – 887.

[103] Ahuja G, Katila R. Technological acquisitions and the innovation performance of acquiring firms [J]. Strategic Management Journal, 2001, 22 (3): 197 – 220.

[104] Alegre J, Chivab R. Assessing the impact of organizational learning capability on product innovation performance: An empirical test [J]. Technovation, 2008, 28 (6): 315 – 326.

[105] Alessandra Guariglia, Pei Liu. To what extent do financing constraints affect Chinese firms' innovation activities? [J]. International Review of Financial Analysis, 2014 (36): 223 – 240.

[106] Andreea N Kiss, Wade M Danis. Country institutional context, social networks, and new venture internationalization speed [J]. European Management Journal, 2008, 26 (6): 388 – 399.

[107] Ashish Arora, Sharon Belenzon, Luis A Rios. Make, buy, organize: The Interplay between research, external knowledge, and firm structure [J]. Strategic Management Journal, 2014, 35 (3): 317 – 337.

[108] Atanassov J. Do hostile takeovers stifle innovation [J]. Journal of Fi-

nance, 2013, 68 (3): 1097 - 1131.

[109] Balkin B, Markman D, Gomez-Mejia R. Is CEO pay in high-technology firms related to innovation? [J]. Academic Of Management Journal, 2000 (43): 1118 - 1129.

[110] Bena J, Li K. Corporate innovations and mergers and acquisitions [J]. Journal of Finance, 2014, 69 (5): 1923 - 1960.

[111] Bernstein S, Giroud X, Townsend R. The impact of VC monitoring [J]. Journal of Finance, 2016, 71 (4): 1591 - 1622.

[112] Bernstein S. Does going public affect innovation [J]. Journal of Finance, 2015, 70 (4): 1365 - 1403.

[113] Bertrand O, Zuniga P. R&D and M&A: Are cross-border M&A different? An investigation on OECD countries [J]. International Journal of Industrial Organization, 2006, 24 (2): 401 - 423.

[114] Bottazzi L, Rin M D, Hellmann T. Who are the active investors? Evidence from venture capital [J]. Journal of Financial Economics, 2008, 89 (3): 488 - 512.

[115] Brown J R, Petersen B C. Cash holdings and R&D smoothing [J]. Journal of Corporate Finance, 2011, 17 (3): 694 - 709.

[116] Cantner U, Conti E, Meder A. Networks and Innovation: The role of social assets in explaining firms' innovative capacity [J]. European Planning Studies, 2010, 18 (12): 1937 - 1956.

[117] Casadesus-Masanell R, Zhu F. Business model innovation and competitive imitation [J]. Strategic Management Journal, 2013, 34 (4): 464 - 482.

[118] Cassiman B, Colombo M, Garrone P et al. The impact of M&A on the R&D process: An empirical analysis of the role of technological-and market-relatedness [J]. Research Policy, 2005, 34 (2): 195 - 220.

[119] Cassiman B, Veugelers. Internal R&D and external knowledge acquisition [J]. Management Science, 2006, 52 (1): 68 - 82.

[120] Chen J, Damanpour F, Reilly R. Understanding antecedents of new

product development speed [J]. Journal of Operations Management, 2010, 28 (1): 17 - 33.

[121] Czarnitzki D, Hottenrott H. R&D investment and financing constraints of small and medium-sized firms [J]. Small Business Economics, 2011, 36 (1): 65 - 83.

[122] Damanpour F, Aravind D. Managerial innovation: Conceptions, processes and antecedents [J]. Management and Organization Review, 2012, 8 (2): 423 - 454.

[123] David P, Hitt M, Gimeno J. The influence of activism by investors on R&D [J]. Academy Of Management Journal, 2001, 44 (1): 144 - 157.

[124] Dhanaraj C, Parkhe A. Orchestrating innovation networks [J]. Academy of Management Review, 2006, 31 (3): 659 - 669.

[125] Entezarkheir M, Moshiri S. Is innovation a factor in merger decisions? Evidence from a panel of U. S. firms [J]. Empirical Economics, 2019, 57 (5): 1783 - 1809.

[126] Ernst H, Vitt J. The Influence of corporate acquisitions on the behavior of key inventors [J]. R&D Management, 2000, 30 (2): 105 - 119.

[127] Fischer M M. Innovation, networks, and knowledge spillovers [M]. Berlin: springer, 2006.

[128] Hagedoorn J, Cloodt M. Measuring innovative performance [J]. Research policy, 2003, 32 (8): 1365 - 1379.

[129] Hagedoorn J, Duysters G. The effect of mergers and acquisitions on the technological performance of companies in a high-tech environment [J]. Technology Analysis & Strategic Management, 2002, 14 (1): 67 - 85.

[130] Hao Q, Kasper H, Mühlbacher J. How does organizational structure influence on performance through learning and innovation in Austria and China [J]. Chinese Management Studies, 2012, 6 (1): 36 - 52.

[131] Hellman T, Thiele V. Incentives and innovation: A multitasking approach [J]. American Economic Journal: Microeconomics, 2011, 3 (1):

78 – 128.

[132] Higgins M J, Rodriguez D. The outsourcing of R&D through acquisitions in the pharmaceutical industry [J]. Journal of Financial Economics, 2006, 80 (2): 351 – 383.

[133] Hirshleifer D, Low A, Teoh S H. Are overconfident CEOs better innovators [J]. The Journal of Finance, 2012, 67 (4): 1457 – 1498.

[134] Hirukawa M, Ueda M. Venture Capital and innovation: Which is first? [J]. Pacific Economic Review, 2011, 16 (4): 421 – 465.

[135] Hong J, Song T H, Yoo S. Paths to success: How do market orientation and entrepreneurship orientation produce new product success? [J]. Journal of Product Innovation Management, 2013, 30 (1): 44 – 55.

[136] Hu A G. Ownership, government R&D, private R&D, and productivity in Chinese Industry [J]. Journal of Comparative Economics, 2001, 29 (1): 136 – 157.

[137] Jess Cornaggia, Yifei Mao, Xuan Tian, Brian Wolfe. Does banking competition affect innovation? [J]. Journal of Financial Economics, 2015, 115 (1): 189 – 209.

[138] José Mata, Martin Woerter. Risky innovation: The impact of internal and external R&D strategies upon the distribution of returns [J]. Research Policy, 2013, 42 (2): 495 – 501.

[139] Kasper H, Mühlbacher J, Müller B. Strategic knowledge management: Creating comparative advantages [J]. Strategic Change, 2008, 17 (1/2): 35 – 42.

[140] Lam A. Innovative organizations: Structure, learning and adaptation [J]. Innovation Perspectives for the 21st Century, 2010 (1): 163 – 175.

[141] Lemer J, Wulf J. Innovation and Incentives: Evidence From Corporate R&D [J]. The Review Of Economics And Statistics, 2007, 89 (4): 634 – 644.

[142] Lin X. Germain organizational structure, context, customer orientation and performance [J]. Strategic Management Journal, 2003, 24 (11): 1131 – 1151.

［143］Manso G. Motivating innovation ［J］. Journal of Finance, 2011, 66 (5): 182 – 186.

［144］Martin Andersson, Jing Xiao. Acquisitions of start-ups by incumbent businesses ［J］. Research Policy, 2016, 45 (1).

［145］Michel Ferrary, Mark Granovetter. The role of Venture Capital firms in silicon valley's complex innovation network ［J］. Economy and Society, 2009, 38 (2): 326 – 359.

［146］Panos Desyllas, Alan Hughes. Do high technology acquirers become more innovative? ［J］. Research Policy, 2010, 39 (8): 1105 – 1121.

［147］Phelps C C. A longitudinal study of the influence of alliance network structure and composition on firm exploratory innovation ［J］. Academy of Management Journal, 2010, 53 (4): 890 – 913.

［148］Phillips G, Zhdanov A. R&D and the incentives from merger and acquisition activity ［J］. Review of Financial Studies, 2013 (26): 34 – 78.

［149］Po-Hsuan Hsu, Xuan Tian, Yan Xu. Financial development and innovation: Cross-country evidence. Journal of Financial Economics. 2014, 112 (1): 116 – 135.

［150］Prahalad C K, Hamel G. Strategy as a field of study: Why search for a new paradigm? ［J］. Strategic Management Journal, 1994, 15 (S2): 5 – 16.

［151］Puranam P, Singh H, Zollo M. A bird in the hand or two in the bush? Integration trade-offs in technology-grafting acquisitions ［J］. European Management Journal, 2003, 21 (2): 179 – 184.

［152］Rosemarie H. Ziedonis, David Benson. Corporate Venture Capital as a window on new technologies: Implications for the performance of corporate investors when acquiring startups ［J］. Organization science, 2009, 20 (2): 329 – 351.

［153］Rothaermel F T, Deeds D L. Exploration and exploitation alliances in Biotechnology: A system of new product development ［J］. Strategic Management Journal, 2004, 25 (3): 201.

［154］Sampson R C R. Alliances and firm performance: The impact of technological diversity and alliance organizational on innovation [J]. Academy of Management Journal, 2007, 50 (2): 364 –386.

[155] Schilling M A, Phelps C C. Interfirm collaboration networks: The impact of large-scale network structure on firm innovation [J]. Management Science, 2007, 53 (7): 1113 –1126.

[156] Schon B, Pyka A. Mergers & acquisitions: Their impact on the innovativeness of single firms and entire industries [C]. //Thematic Meeting of the French Economic Association (AFSE), 2009: 25 –26.

[157] Sevilir M, Tian X. Acquiring innovation [C]. AFA 2012 Chicago Meetings Paper, 2012.

[158] Shafique M. Thinking inside the box? Intellectual structure of the knowledge based of innovation research [J]. Strategic Management Journal, 2013, 34 (3): 62 –93.

[159] Su Y, Tsang K, Peng W. How do internal capabilities and external partnerships affect innovativeness [J]. Asia Pacific Journal of Management, 2009, 26 (3): 309 –331.

[160] Thomas A, Litsehert J Ramaswamy K. The performance impact of strategy-manager co-alignment: An empirical examination [J]. Strategic Management Journal, 1991, 45 (12): 509 –522.

[161] Thomas J, Chemmanur T. Corporate Venture Capital, value creation and innovation [J]. Review of Financial Studies, 2014, 73 (1): 231 –256.

[162] Tian X, Wang T. Tolerance for failure and corporate innovation [J]. Review Of Financial Studies, 2014, 27 (1): 211 –255.

[163] Tian X. The role of Venture Capital syndication in value creation for entrepreneurial firms [J]. Review of Finance, 2012, 16 (1): 245 –283.

[164] Vermeulen F, Barkema H. Learning through acquisitions [J]. Academy of Management Journal, 2001, 44 (3): 457 –476.

[165] Weerawardena J, O'Cass A, Julian C. Does industry matter? Examining the role of industry structure and organizational learning in innovation and brand

performance [J]. Journal of Business Research, 2006, 59 (1): 37 –45.

[166] Yannis Pierrakis, George Saridakis. Do publicly backed venture capital investments promote innovation [J]. Journal of Business Venturing Insights , 2017 (7): 55 –64.

[167] Zhao X. Technological innovation and acquisitions [J]. Management Science, 2009, 55 (7): 1170 –1183.

[168] Zhou K, Li C. How knowledge affects racial innovation [J]. Strategic Management Journal, 2012, 33 (9): 1090 –1102.